行政诉讼制度改革研究

论军事行政诉讼

朱道坤 陈 菲／著

法律出版社 LAW PRESS · CHINA
北京

图书在版编目(CIP)数据

行政诉讼制度改革研究 ：论军事行政诉讼 / 朱道坤，陈菲著. -- 北京 ：法律出版社，2025

ISBN 978 - 7 - 5197 - 9158 - 2

Ⅰ. ①行… Ⅱ. ①朱… ②陈… Ⅲ. ①军事行政－行政诉讼－司法制度－研究－中国 Ⅳ. ①E266

中国国家版本馆 CIP 数据核字(2024)第 098349 号

行政诉讼制度改革研究
——论军事行政诉讼
XINGZHENG SUSONG ZHIDU GAIGE YANJIU
—LUN JUNSHI XINGZHENG SUSONG

朱道坤 陈 菲 著

策划编辑 徐 菲
责任编辑 徐 菲
装帧设计 汪奇峰

出版发行 法律出版社
编辑统筹 法律出版社
责任校对 王晓萍
责任印制 胡晓雅
经　　销 新华书店

开本 A5
印张 7.875　**字数** 130 千
版本 2025 年 1 月第 1 版
印次 2025 年 1 月第 1 次印刷
印刷 北京新生代彩印制版有限公司

地址：北京市丰台区莲花池西里 7 号(100073)
网址：www.lawpress.com.cn
投稿邮箱：info@lawpress.com.cn
举报盗版邮箱：jbwq@lawpress.com.cn

销售电话：010 - 83938349
客服电话：010 - 83938350
咨询电话：010 - 63939796

书号：ISBN 978 - 7 - 5197 - 9158 - 2　**定价**：42.00 元

凡购买本社图书，如有印装错误，我社负责退换。电话：010 - 83938349

引　言

根据2017年7月3日《解放军报》的报道，经中央军委批准，并经最高人民法院批复同意，中央军委政法委启动了军事行政诉讼的试点工作。根据相关方案，中国人民解放军广州军事法院、中国人民解放军北京军事法院为试点基层法院，受理第一审军事行政案件。在试点基层法院管辖范围内，军人或军队单位认为军级以下军事机关及其工作人员的军事行政行为侵犯其合法权益的，可以依法提起诉讼。2023年2月，中央军委政法委印发《关于全面开展军事行政诉讼工作的通知》，对全面开展军事行政诉讼工作的重要意义、指导原则、总体要求、重点内容和组织领导等作出明确和规范，提出了确保军事行政诉讼工作在军队全面开展的具体要求。

虽然这项工作的相关信息公布于2017年,并在2023年全面铺开,但关于军事行政诉讼制度的探索早在1989年《行政诉讼法》制定之时就已经开始。1990年,军地学者在北京召开会议,讨论当时刚刚生效的《行政诉讼法》能否在军队中适用的问题。当时出现了正反两方面针锋相对的意见:其中否定说认为,军事行政诉讼制度干扰军事活动有效运行,破坏团结一致的官兵关系,干扰部队高度集中统一;肯定说则针对性地指出,军事行政诉讼制度能够保证军事管理依法进行,有效维护官兵合法权利,促进部队高度集中统一。①

显然,关于军事行政诉讼制度的可能效果,学界的认识是截然相反的。尽管支持说在这次会议上是主流,但军事行政诉讼制度还是没有建立起来:一方面,当时的军队领率机关并未将军事行政诉讼制度纳入军事法制建设考虑;另一方面,1991年最高人民法院《关于贯彻执行〈中华人民共和国行政诉讼法〉若干问题的意见(试行)》(已失效)第9条明确规定:"专门人民法院不设行政审判庭,不受理行政案件。"这就直接阻止了军事行政诉讼制度的发展。

相关研究迅速陷入沉寂,仅有少量论文对此进行讨论,主

---

① 参见柯严:《军事行政诉讼问题研究综述》,载《法学研究》1990年第5期。

要采“肯定说”,具体包括:(1)关于军事行政诉讼制度必要性的研究,主张科学的军事行政诉讼制度能够对军队全面建设发挥良好作用,而不会干扰军事活动有序开展。① (2)关于军事行政诉讼制度可行性的研究,主张军事行政诉讼制度与我国体制并不冲突,部分文章还对国防行为、特别权力关系等进行分析。② (3)军事行政诉讼制度具体设计,主要针对受案范围、当事人制度等具体问题展开研究。③ (4)军事行政诉讼制度比较研究,主要考察美国普通法院对军事行政的司法审查、德国的军事诉愿制度等,并从比较法角度进行分析。④ 总体而言,相关研究主要体现为对建立军事行政诉讼制度的呼吁,但并未对具体问题展开深入研究,无法支持军事行政诉讼制度建设的现实需求。

---

① 参见吕明杰:《军事行政争议纳入诉讼范围之必要性》,载《西安政治学院学报》2005 年第 2 期;李丹、朱国平、周亚东:《建立我国军事行政诉讼制度的法哲学思考》,载《西安政治学院学报》2002 年第 3 期。

② 参见杨鲁:《建立军事行政诉讼制度的理论基础及基本关系》,载《西安政治学院学报》2002 年第 3 期;李宝生:《关于军事行政诉讼的再思考》,载《西安政治学院学报》2005 年第 2 期。

③ 参见周卫平、徐高、张明杰:《试论建立我国军事行政诉讼制度》,载《中国法学》1991 年第 1 期;张作农:《试论军事行政诉讼的受案范围》,载《西安政治学院学报》2008 年第 3 期。

④ 参见谭正义:《美国军事行政司法审查问题研究:兼论其对我国构建军事行政诉讼制度的启示意义》,载《西安政治学院学报》2012 年第 3 期;吕慧:《外国军事行政诉讼制度述评》,载《西安政治学院学报》2008 年第 1 期。

同时要注意的是,尽管“反对说”在理论上非常失落,仅有陈友清曾明确表示反对军事行政诉讼制度,并对此进行了专门阐述。① 但在研究过程中,我们仍然发现相当多没有公开发表相关论文的学者(特别是军内学者)对这一制度持反对意见。正如李佑标教授所言,由于军事行政诉讼制度迟迟未能建立,在理论上失落的“反对说”,却在制度的缺失中获得了默默的、坚定的支持。换言之,学界在当时的沉默,很可能不是出于支持军事行政诉讼制度,而是认为无须反对一项根本不存在的制度。

2016 年 1 月,中央军委政法委组建,军事司法改革迅速成为一项重要而紧迫的工作。开展军事行政诉讼的可行性和方案问题也在这次改革中进行了有限的研究,形成了一个初步方案,但这个方案仍未有效回应以往没有解决的疑难问题。然而,试点信息仍在 2017 年 7 月“猝不及防”地公布了。但直到此时,学界仍未对此进行有效研究——一方面,学界的研究积累不够;另一方面,相关文件至今仍在保密状态,地方学者完全无法开展相关研究。

尽管如此,2017 年 7 月以来,还是公开出现了两份特别需要注意的资料:(1)中国人民解放军军事法院的海娃法官发表

---

① 参见陈友清:《论军事行政诉讼与军内行政诉讼》,载《现代法学》1992 年第 3 期。

了一篇名为《军事行政诉讼制度基本问题研究》的会议论文，该文虽未全面细致地介绍军事行政诉讼的实施方案，但也大致勾画了相关制度建设的具体情况。(2)2017年11月，时任中国人民解放军中部战区军事法院（该院为中级法院，下辖试点法院之一的中国人民解放军北京军事法院）院长的肖孟奎出版了一本名为《军事行政诉讼制度构建法理探析》的专著，较为全面系统地对军事行政诉讼制度的建构问题进行了研究。肖孟奎同志目前已经荣任中国人民解放军军事法院副院长，这部著作对我们了解军事行政诉讼制度的建设有很重要的参考意义。

即便如此，军事行政诉讼制度如何构建仍是一个需要努力钻研的问题，甚至论证其必要性、合法性、科学性，都要大费周章。因此，尽管有许多同仁，特别是肖院长和海法官珠玉在前，笔者仍不辞浅陋，在他们的基础上，为这一问题的进一步研究再尽一点绵薄之力。

目录

第一章　司法何以审查军事

关于军事权的性质，德国行政法学泰斗奥托·迈耶曾有这样一段论述："战争行为，如国家命令其军队抵抗敌人、保护疆域、大量消灭人的生命、毁灭城市并使和平的人民担负起战争的任务，这是国家最强有力地实现其目的的活动。这既不是立法，又不是司法，但又不是行政……在这些事项中，严酷的必要性占据了主导地位。在和平时期的军队设施方面也是如此，它们把严酷的必要性展示给人们。军事命令是军事设施的内部核心。从其性质而言，它不必由法律控制太多。"①在这位现代行政法的奠基人看来，军

① ［德］奥托·迈耶：《德国行政法》，刘飞译，商务印书馆2013年版，第10～12页。

事是一种法外之物,不宜由法律加以控制,这至少说出了部分事实——军事与行政差异甚大,而又存在有别于其他国家制度的独特价值。建设军事行政诉讼制度,其目的在于用法律限制军事权,这就必须首先解决军事权司法监督的可能性问题。正因如此,本书提出的第一个问题就是:司法何以审查军事?这是一个需要从宪法层面展开探索的重要话题,也是我们这项研究能否建功奏效的关键所在,亦是军事行政诉讼制度能否在合法性合宪性上站得住脚的基础所在。

一、司法审查军事的理论基础

在传统理论中,军事是一种主权事务,具有豁免司法审查的特质。一方面,国之大事,在祀与戎,军事权高度重要,是主权的重要体现;另一方面,兵权贵一,军事组织高度集中,强调令行禁止。军事组织的设置与运行都迥异于现代政府机关的一般结构,产生了司法权对军事权审查的重大理论障碍。

(一)司法审查军事的理论障碍

各国在传统上都排斥法院对军事活动的审查,但其理论基础有所不同。在大陆法系国家,障碍主要来源于特别权力关系理论的影响;在英美法系国家,障碍则主要来源于战争豁免理论的影响。

1. 特别权力关系理论

特别权力关系理论的基本含义是,在特定的行政领域内,行政主体为了实现特定的行政目的,对行政相对人具有不需要适用法律保留的概括命令权,而与之相应的是行政相对人不享有一般情况下该拥有的基本权利,并无权对行政争议提起诉讼。① 这里的特别权力关系是传统行政法学中为了区别国家与公民之间一般权力关系而创造的概念,是一种只会在国家与部分公民之间形成的相对而言更为紧密的关系,包括公务员与所在行政机关之间的公务关系、学生与学校之间的关系、囚犯与监狱管理机关之间的关系、兵役关系以及其他设施关系等。②

在我国,我们并未见到学界关于这一问题的充分论证,也没有见到较为明确的赞同态度。但从立法来看,这一理论仍然对我国法律实践产生了广泛而深远的影响。例如,《行政诉讼法》就明确将公务员的奖惩任免决定(所谓"内部行政行为")排除出行政诉讼受案范围,又如《公务员法》明确规定公务员负有比其他民众更为严格的义务,同时规定公务员未满国家规

---

① 参见黄学贤:《特别权力关系理论研究与实践发展——兼谈特别权力关系理论在我国的未来方位》,载《苏州大学学报(哲学社会科学版)》2019 年第 5 期。

② 参见刘飞:《德国公法权利救济制度》,北京大学出版社 2009 年版,第 60 ~ 61 页。

定最低服务年限的，不得辞去公职，这明显不同于法律制度对一般民众的权利限制，体现了公务员与国家权力之间更为紧密的联系。

2. 战争豁免理论

在英美法的普通法传统中，并无行政诉讼的概念，也没有设立专门的行政法院。法院对行政行为的监督，主要通过普通法院的司法审查进行。在司法审查过程中，法院形成了一种可称为“战争豁免”的审判原则。战争豁免本来是一个武装冲突法上的概念，通常意味着合法参加战争的战斗员，不因战场上的行为而遭到惩戒。这一原则的产生实则源自战争自身高度紧张、高度风险、高度挑战的天然特点——如果战斗员在激烈战斗中不得不猜测他们在事后可能承担的责任，将会给自己带来不当压力；如果指挥员必须为其决策承担法律责任，则可能由于畏惧而过于谨慎，从而贻误战机，进而危害国家安全和军人生命。

区分不同情形，战争豁免有如下几种争议渐次增大的可能：(1) 对敌人杀伤不构成犯罪。除非违反了武装冲突法上的规则，一名奉命参加战争的士兵绝不可能因为战场上杀死敌人而遭到故意杀人罪的追诉。(2) 对敌方平民杀伤的豁免。士兵在战场上杀死了平民也可能构成附带损害，并因为战争豁免而免除个人责任——这种豁免在国际法的实践中虽然可能引发非常复杂的争议，但也符合人们对战争残酷性的固有想象。(3)紧急情况下对本国平民甚至袍泽的损害也可能不承担责任。这种损害一般应涉及基于过失造成的民事或刑事问题，战争的紧迫性导致了军队赔偿责任的免除。

第三种情形的出现无疑会引发复杂而深刻的争议，但此种问题并不罕见。例如，在 1940 年澳大利亚高等法院审理的一起案件中，便运用了这一原则。该案原告拥有一艘“科普特”号船，该船与澳大利亚海军的“阿德莱德”号船相撞。原告声称，“阿德莱德”号航行太快，且没有对“科普特”号保持适当警戒，相关人员因疏忽而未能尽到海员应当承担的注意义务。被告则认为，“阿德莱德”号隶属海军部队，其任务是与敌交战，在紧迫的情况下，导航官很难对出现在战区的非战斗船只保持足够的普通法上的注意义务。法院部分采纳了这一主张，只是没有完全排除海军的注意义务，认定“阿德莱德”号船存在严重过失，判决其承担了一定的民事赔偿责任。①

“战争豁免”原则的运用使军队豁免于激烈战况中的疏忽大意造成的损害赔偿，从而不受制裁。这一原则继续延伸，便会直接导致一个后果——如果军人因指挥官在战场上的行为而遭遇损害，法院在理论上便可能以“战争豁免”为由，免除军

① See Shaw Savill and Albion Co. , Ltd. v. Commonwealth, (1940) 66 CLR 344.

队的赔偿责任。在1940年的这起案件中,澳大利亚的法院就明确指出,基于战场的实际情况,武装部队必须在不受法院控制或干涉的情况下自由地进行战争行动,“要求武装部队成员在与敌人交战过程中因所谓疏忽行为或不作为承担任何民事责任,既违反理性,也违反政策”[①]。而在1965年的案例中,澳大利亚的法院更是明确指出:“近两百年来,英国的法院坚持认为,允许军队的一名成员对其同袍在执行任务中所做的行为提起诉讼,将破坏部队的士气、纪律和效率,因此,即使被诉行为是恶意的,普通法也不给予救济——我认为这是正确的。”[②]

英国在这个问题上的结论却富有争议。1941年,英国军队在缅甸战场失利,在撤退时炸毁了沙廉炼油厂和仁安羌油田,从而避免其落入日军手中。这两个设施的所有人英缅石油公司在1960年10月起诉英国政府,要求赔偿其设施及储油的损失。该案在苏格兰起诉,历经复杂程序,最终上诉至上议院,上议院则以3比2的多数支持了英缅石油公司的诉讼请求,认为造成英缅石油公司损害的行为是合法的,但这相当于英国政府的征用,因此应当得到赔偿。[③]这一判决的生效无疑会带来复杂的连锁效应,英国政府将很可能需要应对战争造成的巨量

---

① Shaw Savill and Albion Co., Ltd. v. Commonwealth,(1940) 66 CLR 344.

② Parker v. Commonwealth,(1965) 112 CLR 295.

③ See Burmah Oil Company Ltd. v. Lord Advocate[1965] AC 75.

赔偿案件。

面对这一严重后果,英国议会迅速通过了《1965 年战争损害赔偿法》(*War Damage Act 1965*),该法案只有两个条文,其中一个条文规定了该法案的名称,但罕见地使用成文法否定司法机关判例,并赋予该法溯及既往的效力,还要求法院必须搁置或者驳回已经受理的相关案件,明确规定英国政府在战争期间、战争即将爆发时,不承担普通法上的财产损毁赔偿责任,从而全面豁免了英国政府在战时对平民造成合法损害的赔偿责任。使法律溯及既往的做法无疑是严重违背法治精神的做法,而过分干涉法院当前正在审理案件的判决,更容易引发关于司法独立问题的思考。然而,考虑到第二次世界大战的规模之大、损失之巨,英国议会的这一做法显然不难理解。

英国法院在之后的一系列案件中秉持了这一理念,极大降低了士兵对同袍伤害的注意义务。例如在 1996 年的一起案件中,理查德 · 马尔卡希(Richard Mulcahy)是一名英国陆军士兵,在海湾战争时,其所在的榴弹炮部队部署在沙特阿拉伯,向伊拉克发射炮弹。他的工作是在炮击后擦拭火炮后膛,在工作过程中,指挥官命令原告在炮车前取一些水,但当他还在炮车前时,指挥官就草率开炮,原告被冲击倒地,并因此听力受损。原告认为国防部违反了维护工作安全的义务,并应当对指挥官的疏忽负有责任,遂对国防部提起诉讼要求赔偿。郡法院作出有利于原告的裁决,国防部遂向上诉法院提出上诉。该案的争议焦点实际在于:在战斗条件下,军人是否对战友负有照顾义务?上诉法院则认为,军人在战斗条件下对其他军人没有照顾义务,出于公共政策和常识的考虑,在与敌人交战时对军人施加这种义务是不公平、不公正、不合理的。遂支持了国防部的上诉,驳回了索赔。①

(二)司法审查军事的理论可能

观察大陆法系国家和英美法系国家的军人权利救济问题,可以发现两种差异明显的论证路径:以德国为代表的大陆法系国家出于对军人与国家之间效忠关系的考虑,认为构成一种"公法上的勤务关系",从而用特别权力关系理论进行了救济的排除;英美法系国家则另辟蹊径,从战争行动的特殊紧迫性论证推导出武装部队行动不受司法审查的结论。这两种论证路径各有差异,结果却"殊途同归"。但在"二战"之后,这两种理论的基础都面临着挑战与争议:

一方面,大陆法系国家开始了对特别权力关系理论的审视,更加强调军人忠诚义务与公民权利之平衡。在德国——特别权力关系理论的策源地,原本等级森严的军队建设理论遇到

---

① See Mulcahy v. Ministry of Defence,[1996] EWCA Civ J0221 -6.

新的多元民主化的国家体制的挑战，1955 年 11 月 12 日，联邦德国的国防军正式建立，但此时的德国已经 10 年没有正规的军队，为了建设这支军队，德国对军队建设的思想进行了深刻反思，更加强调军队中的民主，要求必须将“自由的人、良好的国家公民和合格的军人”结合起来，“使军人与生活在自由制度下的国家公民统一在一个人身上”①。这样一来，军人的忠诚义务必须与公民的自由权利并存。

与之相适应的是，“二战”之后的德国公法学界先后针对特别权力关系理论提出了“基础关系与管理关系理论”和“重要性理论”，完成对特别权力关系的较大修正，其中“基础关系与管理关系”主张，将设定特别权力关系之法律关系（如开除学籍、征兵等）纳入司法审查，管理关系（如作息时间之安排等）则继续排除出司法审查；“重要性理论”则主张，有些管理关系同样关乎公民基本权利，因此也应纳入审查。在此种背景下，坚持主张特别权力关系均不应纳入司法救济的观点早已不是主流意见，对军人权利救济的途径也在实务中得到不断扩大与完善。

同样地，在其他国家也出现了类似的立法安排，军人虽然

---

① ［德］卡尔·海因茨、［德］马丁·林克、［德］马库斯·冯·萨利席：《德国军事史：从普鲁士军队改革到联邦国防军转型》，王鹏译，解放军出版社 2018 年版，第 208 页。

必须放弃自己部分的自由,但这种放弃只能是基于对国家安全的、公共秩序等的考虑,绝非全盘否定军人享有的公民权利。例如,波兰共和国《宪法》第31条第3款规定:“只有法律才能对宪法规定的自由和权利的行使施加限制。在民主国家中,只有为保护国家的安全或公共秩序,或者为保护自然环境、健康或社会风气或他人的自由和权利,在有必要时方得作出限制。此种限制不得违背自由和权利的本质。”俄罗斯联邦《宪法》第55条第3款规定:“只有为了捍卫宪政制度的原则、道德,为了保护他人的身体健康、权利和合法利益,为了保障国防和国家安全的需要,联邦法律才能在必要的限度内,限制人和公民的权利与自由。”①显然,军事需要是人权克减的一个充分理由。

另一方面,英美法系国家同步进行了对战争豁免理论的审视,开始进一步限缩战争豁免理论的适用范围,认为并非所有军事行动都能够达到战争豁免的条件。例如,在澳大利亚高等法院于1982年审理的一起案件中,原告是澳大利亚皇家空军的一名飞行员,1973年7月3日凌晨,原告完成飞行任务,并通过一个折叠梯下飞机。这个梯子的锁定销没有安装到位,因此原告踏上梯子时,梯子被折叠起来,导致原告摔倒受伤。法

① 孙谦、韩大元主编:《公民权利与义务——世界各国宪法的规定》,中国检察出版社2013年版,第113页。

院在这起案件中指出，普通法关于过错责任的一般规则不能因为原被告同为武装部队成员、涉案行为发生在服役期间而遭到排除适用。同时，这起案件中不存在战争问题，也不存在类似战争活动的问题，甚至没有对现役军人未来军事行动的模拟演训，因此，无论军人之间是否存在普通法上注意义务的保留，都不适用于这种情形。[①] 但法院同时指出，如果在纯粹军事活动（如武器训练、战术演习）中发生伤害，是否会对结果有影响，可能存在规则上的不同。

英国最高法院则在2013年的系列案件中对战争豁免理论进行了审视，进一步限缩了它的适用范围。这些案件包括：（1）“挑战者坦克”案，三名士兵在2003年乘坐的一辆挑战者Ⅱ型坦克遭遇友军误伤，造成一死两伤的后果，家属和当事人认为，其原因在于英国国防部没有为挑战者Ⅱ型坦克装备可靠的设备和技术来防止误伤，也没有对士兵提供足够的车辆识别训练。（2）“军用路虎”案，两名士兵分别在2005年、2006年驾驶军用路虎汽车进行巡逻，被简易爆炸装置炸死，家属认为这类车辆无法为巡逻士兵提供足够的保护，国防部没有采取合理措施保护这些士兵。原告在这些案件中诉称，依据1998年英国《人权法》，国防部违反了《欧洲人权公约》第2条保护生命

① See Groves v. The Commonwealth，[1982] HCA 21.

的积极义务。尽管国防部引用了战争豁免的原则,但法院认为,备战行为要有别于军事行动,对战争豁免原则必须进行限制解释,其仅适用于正在发生的或迫在眉睫的武装冲突,并可以扩大适用于对敌发动实际行动的计划和准备活动,如果距离战斗再远一些,便不应适用这一原则了。因此,法院强调,并不是每一项在战争时期进行的行动都是军事行动或战争行为。所以在这些案件中,英国最高法院要求对这些案件进行进一步审理,而不能简单地适用战争豁免原则。①

(三)我国司法审查军事的理论可能

我国并无战争豁免原则的理论,特别权力关系理论也不是我国法律承认的规范概念,在理念上并不存在障碍。

一方面,在我国军事制度建设过程中,没有采用特别权力关系理论的可靠证据。在我国法治现代化过程中,尽管特别权力关系理论总是时隐时现地影响我国法律制度的建设,但该学说在官方文件中始终难觅其踪。笔者在"中国裁判文书网"使用"特别权力关系"一词进行检索,在 2022 年 7 月 15 日只检索到 11 篇判决,足见特别权力关系的提法虽然深入人心,广泛出现于行政法的各类教科书中,却始终没有被法院正式采纳。这

---

① See Smith & Ors v. Ministry of Defence [2013] UKSC 41.

可能是因为,在特别权力关系理论被引入我国的同时,它已经在其发源地德国遭到了解构,我国学界不可能直接使用这样一个已经显得过时的理论。同时,我们对军事法律制度建设相关文献进行细致分析,也始终难以找到特别权力关系理论对我军军事制度安排产生影响的丝毫证据。

另一方面,我国法院在教育领域的做法也说明了我国在特别权力关系理论运用上的保留态度:(1)在高等教育领域,将影响受教育权的行为纳入受案范围。例如,在最高人民法院指导案例 38 号"田某诉北京科技大学拒绝颁发毕业证、学位证案"中,法院生效裁判认为:高等学校与受教育者之间属于教育行政管理关系,受教育者对高等学校涉及受教育者基本权利的管理行为不服的,有权提起行政诉讼,高等学校是行政诉讼的适格被告。[①] 此后又发生了"刘某文诉北京大学案"等一系列案件,法院同样受理了类似案件,引发社会广泛关注。而根据《行政审判办案指南(一)》(法办〔2014〕17 号)之规定,高等院校依据法律、法规授权作出颁发学历、学位证书以及开除学籍等影响学生受教育权利的行政行为,当事人不服提起行政诉讼的,以高等院校为被告。(2)在中小学教育领域,将较为严重的教育惩戒行为纳入受案范围。2020 年 12 月 23 日,教育部

---

① 参见最高人民法院指导案例 38 号:田某诉北京科技大学拒绝颁发毕业证、学位证案。

公布的《中小学教育惩戒规则(试行)》第18条对一些较为严重的教育惩戒行为[①]提供了新的救济规则:学生或者家长对学生申诉处理决定不服的,可以向学校主管教育部门申请复核;对复核决定不服的,可以依法提起行政复议或者行政诉讼。这一规范使中小学的教育惩戒行为得以纳入行政诉讼受案范围,体现出我国法律实务中进一步松绑特别权力关系理论限制的趋势和倾向。

当然,这一论述也可能引发一种疑问,即特别权力关系理论在我军似乎也得到了采用。这个结论在表面上是成立的,我军制度似乎在表面上也完全符合特别权力关系的理论安排:一方面,军队强调命令与服从关系,因此制定了《中国人民解放军内务条令(试行)》(以下简称《内务条令(试行)》),明确领导和上级有权对部属和下级下达命令,部属和下级必须服从;另一方面,对军人而言,其所负担的义务是强制性的兵役,其内容也不够清晰,而负有一种概括的服从上级领导指示的义务,甚至军事法还规定了完整的惩戒和奖励体系,其中还包括行政看管这种可能限制人身自由的措施;再一方面,军队设置军事法院、军事检察院,直接对犯罪军人施加刑罚,而不假手于地方法院。

---

① 教育惩戒,是指学校、教师基于教育目的,对违规违纪的学生进行管理、训导或者以规定的方式予以矫治,促使学生引以为戒、认识和改正错误的教育行为。

这些制度安排当然与特别权力关系理论高度契合,但将其视作特别权力关系理论的结果就是犯了倒果为因的错误。应当认识到,特别权力关系理论不是一种建构性的理论,而是一种在既有经验基础上的归纳总结。究其实质,当德国学者建构一般行政法理论之时,发现这一理论不能照搬到军队、政府机关、监狱、学校等领域,于是便将这些领域界定为所谓的"特别权力关系"。毋宁说它是一种理论的重构,不如说是一个理论的补丁。倘非如此,我们何以解释,在特别权力关系理论出现之前,很多军队便已经出现了相关制度安排?英美国家始终没有采用特别权力关系理论,他们的军队为什么也采取了类似的制度安排?

实际上,为了维护军中的纪律、保证战争的胜利,任何一只军队都必然要作出如前所述的制度安排。中国古代早有"国容不入军、军容不入国"的军事理论,这充分说明军队必须有区别于平民社会的制度安排,这不是基于特别权力关系理论的考虑,而是基于古往今来各国建军治军的经验总结。从这个角度来看,特别权力关系是一种理论对实践的描述(就如同画家绘制一个建筑),而非新的制度建构(如同建筑师规划一个建筑),这个结论意味着,当实践发生变化的时候,特别权力关系理论是毫无招架之力的,其必然要随着实践的变化而进行相应调整。在"二战"之后,德国学界对特别权力关系理论进行了进一步修正与调整,这归根结底是实践变化引发的理论调整。德国学者都没有拘泥于这一源自拉班德、奥托·迈耶的经典理论,我们又何必用这个理论来封锁实践的脚步呢?

二、军事司法属性对军事行政诉讼的影响

将军事与法律结合起来本身就有一些独特的困难,它不仅涉及一个制度设计,更涉及价值整合。如果军事司法的重心是军事,那么,“国之大事,在祀在戎”,战争既然是一个你死我活的过程,自然不能为条条框框所限制;如果军事司法的重心在于司法,那么,“为了正义,哪怕天崩地裂”,司法理所当然要实现正义,因为倘若法律都无法实现正义,正义又存身何处?这种冲突和差异,导致军事司法制度在运行过程中,呈现出有别于普通司法的复杂样貌。对军事行政诉讼而言,军事司法权到底源自军事统帅权,还是源自国家司法权,直接影响着军事行政诉讼能否成立。

(一)指挥官的军事司法

就历史实际来看,军事司法首先是军事统帅权的必然结果。这种军事司法制度设计从价值层面来看,其意图在于维护军队的士气与纪律;从制度安排来看,它主要是指挥官维护军

纪的工具。

军队极端重视纪律性，上级命令的坚决贯彻执行，是军队打胜仗的前提。正因如此，在传统军事司法理论中，有效维持军队的纪律，被视作军事司法制度第一位的考虑，甚至优先于对正义价值的追求。中国最早的法律，据传便是军法。《史记》中就曾记载，夏启与有扈氏在甘地大战。在作战之前，夏启颁布了名为“甘誓”的军法，其中明确了行为方式和法律后果——“战车左边的射手不从左边射击敌人，车右的剑手不从右边击杀敌人，就是不服从命令。驭手不能使车马阵列整齐，也是不服从命令。听从命令的，我将在祖先神灵面前奖赏他；谁不听从命令，就在社神面前杀掉他，而且要把他们的家属收为奴婢。”①命令与法律的关系，在这部军法中表露无遗。在这种逻辑之下，军队中的规则制定、实施、毁弃，全都取决于指挥官，而非制定在先的法令。

同样地，在盎格鲁撒克逊的法律传统中，军事权便是一种专属于国王的权力，早在 1279 年，英格兰国王爱德华一世即颁布法令，规定国王享有统率国家军事力量的特权，同时享有制定和实施军事纪律的特权。根据后一项特权，国王对军人的军事犯罪享有排他性管辖权，但对军人所犯普通犯罪，便与平民

① “左不攻于左，右不攻于右，女不共命。御非其马之政，女不共命。用命，赏于祖；不用命，僇于社，予则帑僇女。”——《史记·夏本纪》。

法院共享司法管辖权。这一规范明确了一个事实,即国王基于对军队的统帅权而产生对军人进行审判的权力。代表国王掌管军事法的机构是治安长官和纹章院长法庭,这是英国最早的专门军事审判机构。① 这个法庭由治安长官和纹章院长共同主持,而这两个官员最初的主要职责,就是管理国王的马匹和马厩,以及与之相关的军事事务。在1521年,当时的国王亨利八世处决了当时的治安长官,这个法庭便只剩下纹章院长了。此后又设立了由军官组成的特别委员会,也就是所谓的军事法庭,英语最早称为"marshal courts",后又改称"courts marshal",法庭开始采用固定的审判程序。实际上,"marshal"在军事领域亦有元帅之意,军事司法权基于统帅权而产生的法理逻辑,在这个专门词语中可见一斑。

美国沿袭了英国的传统,将军法系统直接视作纪律维持的手段,并强化了指挥官在司法制度中的作用。在美国极具特色的违宪审查制度下,美国的联邦最高法院将这个问题转化为一个规范问题,即美国军事司法权的宪法依据到底是宪法的哪个条文?美国《宪法》第1条第8款规定了美国国会的诸多军事权,包括招募陆军、装备海军并供应给养等;美国《宪法》第3条则规定了司法权的职责范围。如果军事法院是根据第1条

---

① 也有学者将其称作保安长官和最高军务官法庭。参见田友方主编:《外国军事法评介》,海潮出版社2007年版,第60页。

设置的，则显然是军事权的延伸；如果是根据第 3 条设置的，则属于国家司法权在军事领域的运用。这在 1857 年的戴恩思诉胡佛（dynes v. hoover）案中得到了明确，美国联邦最高法院在该案中指出："（《宪法》第 1 条）表明，美国国会有权授予自行规定对军人进行审判和惩罚的方式……这与《宪法》第 3 条毫无关系；事实上，它们根本就是两种独立的权力。"①此后的若干案例中也贯彻了这一认识，军事法院被称作"第一条法院"（article Ⅰ court），而将普通法院称作"第三条法院"（article Ⅲ court）。正是在这个意义上，有美国学者明确指出，"军法系统是指挥官维持纪律的基本手段之一"②。

纪律与军事审判直接对应，因此，违反纪律的行为可能直接带来军事审判的后果。纪律事无巨细，军事审判的内容便同样事无巨细。在爱德华·考夫曼（Edward M. Coffman）的著作里记载了一件趣事：巴特勒上校是参加过独立战争的老兵，上级命令他剪去他的小辫子，但巴特勒上校拒绝了，1803 年，他便受到军事审判，责令其悔改；但他仍然坚决不剪掉头发，于是在 1805 年，他被判停薪停职 1 年。然而，判决生效之前，他

---

① Dynes v. Hoover, 61 U. S. 20 How. 79(1857).

② V Hansen, *Changes in Modern Military Codes and the Role of the Military Commander: What Should the United States Learn from this Revolution?*, Tulane Journal of International and Comparative Law, Vol. 16:2, p. 423(2008).

就因黄热病死掉了,至死还保留着他的小辫子。① 军人的这种权利克减,在相当长的时间内始终存在,并未发生根本转变。

美国联邦最高法院在1986年作出一例判决,该案中,西姆查·高曼(S. Simcha Goldman)是一名美国空军的军人,同时是一名东正教犹太人,基于宗教考虑,他希望在穿着军服时仍然戴着他的圆顶小帽,空军法规则要求他着制服时必须着军帽。西姆查·高曼认为,这种安排违背了《宪法第一修正案》关于言论自由的规定。但法院在判决中强调,为了完成任务,军队必须培养本能的服从、团结、承诺和团队精神。在评估军事需要是否有理由对出于宗教动机的行为进行特定限制时,法院必须高度尊重军事当局关于特殊的军事利益。空军经过深思熟虑的专业判断是,统一制服有助于使个人喜好与身份认同服从于整体任务需求,它能够消除军阶以外的个人差异,从而强化上下级关系。这在和平时期和战争时期一样重要,因为军队人员必须随时准备作战,他们必须在遇到困难之前就培养好必要的纪律和团结习惯。"不能到战场上才开始教授军事纪律和服从命令的必要性。"由此,美国联邦最高法院判决空军的行为并不违宪。②

---

① See Edward M. Coffman, *The Old Army, a Portrait of the American Army in Peacetime*, 1784 – 1898, New York: Oxford University Press, 1986ed., p. 33.

② See Goldman v. Weinberger, 475 US 503 (1986).

为了维护军事价值,它在一定程度上突破了正当程序、罪刑法定等原则。这些原则原本是近现代宪法制度、刑事法律制度所应恪守的基本原则,但在军事法的地盘,这些原则的适用也出现了例外,特别是一些关于军事犯罪的法律,就直接突破了罪刑法定原则的要求,美国《统一军事司法典》第十章"罚则"第 77 条至第 134 条规定了军事犯罪的相关问题,其中,第 77 条至第 132 条是有明文规定的犯罪,而第 133 条、第 134 条规定的是无明文规定的犯罪,即"虽然军法没有明文规定,但是受军法管辖的人员,所有违反或因过失而妨害武装力量优良秩序和纪律,或者行为粗野败坏武装力量声誉,而不构成极刑的犯罪,应当由高级、特别或者简易军事法庭审理,并且按照犯罪的性质和程序酌情惩处"①。显然,这类规定与罪刑法定、正当程序这两个原则之间出现了极大冲突,让军事法官能够在法律未作明文规定的情况下对军人定罪量刑。这种冲突在宪法中亦有体现,如美国《宪法第五修正案》即明确规定:"非经大陪审团提出报告或起诉,任何人不受死罪和其他重罪的惩罚,唯发生在陆、海军中或在战时或国家危急时期服役的民兵中的案件不在此限。"②这就将军事

---

① 田友方主编:《外国军事法评介》,海潮出版社 2007 年版,第 39 页。

② 关于此条文,有些译文将"战时或紧急状态"当作普遍的限定条件,但从原文看,"战时或国家紧急状态"的条件应仅限于服役的民兵,对军人的惩戒无论是平时还是战时,都不受美国《宪法第五修正案》的约束。

法院的规则与普通法院的规则区分开来,对军人在审判中的权利进行了克减。

(二)法官的军事司法

受“二战”之后人权思想的影响,特别是在“军人是穿着军装的公民”观念的直接影响下,军事司法制度开始发生深刻变化。新的观念认为,司法的首要价值在于它是正义的最后一道防线,其存在的意义就在于实现和维护全社会的公平正义。军事司法的司法性,要求军事司法活动必须保持其公正性,对军事秩序的过度要求却极有可能损害公平正义的实现。这种观念的产生,与“二战”之后人权思想滥觞不无关系。军队并非法外之地,军人权利受限,只是基于职务的要求,法律只能因国家安全、公共秩序、全体公民的自由等考虑,方能对公民基本权利和自由进行限制。

一些国家的宪法对此作出了明确规定,譬如以色列国《基本法》第 9 条明确规定,“服务于以色列国国防军队、警察、监狱以及其他国家安全机关的人员享有本基本法赋予的权利,不得被限制或者以其为工作的交换条件,除非法律规定并且以不超过所服务的工作性质的程度为限”①。又如,印度共和国

---

① 孙谦、韩大元主编:《公民权利与义务——世界各国宪法的规定》,中国检察出版社 2013 年版,第 49 页。

《宪法》第33条规定："议会得以法律决定在何种范围内，本编赋予的权利在其适用于以下人员时：(1)武装部队成员；或者(2)负责维护公共秩序之部队的成员……应受限制或者与该系统有关的人，应受限制或者克减，以确保他们妥善履行其职责并维持他们之间的纪律。"①波兰共和国《宪法》第31条第3款规定，"只有法律才能对宪法规定的自由和权利的行使施加限制。在民主国家中，只有为保护国家的安全或公共秩序，或者为保护自然环境、健康或社会风气或他人的自由和权利，在有必要时方得作出限制。此种限制不得违背自由和权利的本质"。俄罗斯联邦《宪法》第55条第3款规定："只有为了捍卫宪政制度的原则、道德，为了保护他人的身体健康、权利和合法利益，为了保障国防和国家安全的需要，联邦法律才能在必要的限度内，限制人和公民的权利与自由。"②显然，军事需要是人权克减的一个充分理由，但在这种理念指引下，接近正义的权利不应因其军人身份而受到限制与过分克减。

在这个大背景下，军人在犯罪之后得到公正审判，无疑是一项不应遭到克减的基本权利。"公正审判"看似笼统，却有

---

① 孙谦、韩大元主编：《公民权利与义务——世界各国宪法的规定》，中国检察出版社2013年版，第61页。

② 孙谦、韩大元主编：《公民权利与义务——世界各国宪法的规定》，中国检察出版社2013年版，第113页。

非常具体的要求,包括司法制度合理、司法程序正当、裁判结论确定、法官形象端正、司法环境良好,等等。① 其中,法官应当具有与其职责相匹配的中立性和权威性,且具有法律上的职业保障,以使其不受法律以外任何权威的干扰,这是一个最基本的要求,也是军事司法制度最易遭到抨击的理由。为满足这一基本要求,在第二次世界大战之后,特别是冷战结束之后,许多国家和地区在军事司法制度上进行了较大改革:一方面,军事法院的管辖范围进一步限缩;另一方面,军事法院的程序机制开始向民事法院靠拢,军事法官独立行使职权得到了法律和程序的进一步保障。

最早开始变革的是加拿大。在1992年的一起案件中,被告是一名加拿大武装部队的下士,他因持有毒品罪和逃兵罪遭到普通军事法庭的审判,并被判处15个月监禁和开除军籍。他先通过军事系统并最终通过联邦法院系统向加拿大最高法院上诉,声称军事法庭制度侵犯了他根据加拿大《权利和自由宪章》获得独立和公正法庭的权利。这就引发了关于军事司法制度的第一个主要争议——由指挥官召集法庭并深度参与法庭审理的做法,是否能够满足司法独立的基本要求?加拿大最高法院最终宣布军事法庭的判决无效,因为军事法庭制度缺

---

① 参见王晨:《司法公正的内涵及其实现路径选择》,载《中国法学》2013年第3期。

乏必要的司法独立性，而且由于军事指挥官结构性地参与该制度，机构独立性不足。因此，加拿大对其军事司法制度进行了重大改革。[①]

接下来的便是英国。实际上，早在20世纪60年代中期，英国就已经开始了对军事司法制度的改革。这主要是受到了压力集团、议会激进主义、司法审查扩大等各种因素的影响，甚至军事当局在这一时期也对法律现代化形成了有限的共识。在这个过程中，地方刑事司法的一些措施、制度被引入军事司法。[②] 然而，这种改革仍不足以让军事法院的审判活动具有与地方法院一样的公正性和独立性。真正让英国对军事司法制度进行彻底审视和改革的，是《欧洲人权公约》和欧洲人权法院的相关判决——作为曾经的欧盟成员国，英国曾经负有尊重《欧洲人权公约》的义务，而英国公民在穷尽了一切国内救济途径的情况下，可以向欧洲人权法院起诉。在这个过程中，英国的军事司法制度饱受质疑，主要反对意见在于，根据《欧洲人权公约》第6条第1款之规定，"在决定某人的民事权利与义务或在决定对某人的任何刑事罪名时，任何人有权在合理的时间内受到依法设立的独立与公正的法庭之公平公开的审判"。

---

① See R. v. Généreux, 1992 CanLⅡ 117 (SCC), [1992] 1 SCR 259.

② See G. R. Rubin, *United Kingdom Military Law: Autonomy, Civilianisation, Juridification*, the Modern Law Review, Vol. 65:1, p. 37(2002).

具体从制度建设来看，尤以 1997 年的芬德莱案（Findlay）和 2006 年的马丁案（Martin）影响深远。在芬德莱案和马丁案后，英国议会分别两次修改其军事司法体系。2006 年，《武装力量法案》（2006 年）得到了女王御准，并于 2009 年 10 月实施。这部法律在《陆军法》、《空军法》和《海军纪律法》的基础上进行法典化，改变了传统的由特设军事法院审理的模式，对指挥官即决审判和军事法庭审判进行了调整和统一，设立了三军统一的军事法庭行政管理机构和常设军事法庭，消除了原先存在的三军司法不一致的情况，并对英国传统的军事司法制度进行了较为彻底的重构。①

美国复刻了英国的军事司法制度，在第二次世界大战之前，始终贯彻军事司法隶属于统帅权的理念，也因此出现了大量问题，但由于这一制度的适用范围毕竟仅限于军队，所以引发的反响并不那么深远。但第二次世界大战，美国大批人参军，累计动员了 1600 多万人参军，而在这个过程中，美国军队召集了约两百万次军事审判，平均每 8 个人就有 1 个遭到军事审判，最终导致 45000 名军人被判处监禁以上的刑罚。当战争结束，官兵返回家乡之后，人们总是能从这些老兵口中听到关于军事审判各种版本的描述。公众一改对军事审判漠不关心

---

① 参见朱道坤:《军事法学原理》，武汉大学出版社 2022 年版，第 181 页。

的态度，认为它过分苛刻不公，是“一群美国人以‘军事必要、良好秩序和纪律’为由对另一群美国人施加的不公正对待”①。这种情况引起了民众和国会的普遍不满，很多人认为军事审判系统固然应当与平民的审判相区别，但也不应当过分偏离公正轨道。时任战争部长的詹姆斯·福里斯特尔（James Forrestal）在 1948 年 8 月 18 日给统一军事司法典起草小组的一封信中提出了美国军事司法改革的三项目标：“第一，必须让三个部门（陆军、海军、海岸警卫队）的军事司法统一起来，该法应尽可能地统一适用于三个部门；第二，现有制度应当现代化，从而有效保护该法涉及人群的合法权益，从而建构起公众对军事司法的信心，但也不能削弱军队的战斗力；第三，相比《战争法》《海军管理法》，该法在制度安排、条文起草上都应当有所进步。”②显然，它表达了美国军队试图将军事司法现代化的意图，以及在两种价值（正义与军队战斗力）之间纠结徘徊的态度。

1950 年，美国国会通过了《统一军事司法典》，取代原有的军事司法制度，该法于 1951 年 5 月 31 日生效。这部法律目前

① John T. Willis, *The United States Court of Military Appeals: Its Origin, Operation and Future*, Military Law Review, Vol. 55:1, p. 39－40(1972).

② John T. Willis, *The United States Court of Military Appeals: Its Origin, Operation and Future*, Military Law Review, Vol. 55:1, p. 54(1972).

包含在《美国法典》第 10 编第 47 章第 801 节至第 940 节中。其中最重要的一项改革,是增设了一个军事上诉法院,后改名为武装部队上诉法院,这一法院是军事系统内最高级别的上诉审查法院,最初由三名文职法官组成,而到了 1991 年 12 月 1 日,该法院又增加了两名文职法官。1968 年和 1983 年,美国又通过了两部军事司法法,对军事司法制度进行调整。根据这一套体系,联邦法院系统有权对军事法庭所作的判决进行审查。同时,这一制度对军事审判的程序进行了重塑,包括禁止自证其罪、律师参与、陪审团审理等制度,都与民事法院的案件审理非常类似。甚至有些规定非常超前,如根据该法第 31 条之规定,不得强迫他人自证其罪,或强迫他人回答任何可能使其自证其罪的问题;在不事先通知被告或犯罪嫌疑人受指控的性质,并通知他不必进行陈述的情况下,不得对其进行讯问。而在地方法院系统,直到 1966 年才出现关于"米兰达警告"的经典案例。①

---

① 米兰达案是一起关于沉默权的案件。米兰达于 1963 年因涉嫌抢劫、绑架和强奸而被警察逮捕。此后,他接受了两个小时的讯问,并在一份自白书上签名,法庭根据这一供词而判其有罪。米兰达以被讯问前未知晓其享有不被强迫自证其罪的权利、警察也未进行告知为由提起诉讼。1966 年,美国联邦最高法院以一个 5∶4 的微弱多数作出裁决,确认米兰达在接受讯问以前有权知道自己享有的宪法权利,特别是保持沉默的权利、会见律师的权利等。这一规则成为英美法系国家在拘捕过程中的常见规则,并广为人知,与之相应的警告被称作"米兰达警告"。

朝鲜战场成为《统一军事司法典》适用的第一个战场，美军指挥官对这部法典给予了高度评价："我相信，在《统一军事司法典》的指导下，军事法律在实施和适用方面取得了杰出成就，美国的军队和人民可以为此感到自豪。今天的军队在纪律和秩序方面处于历史上最好的状态。"而在 1960 年，当时的陆军参谋长乔治·H. 德克尔指出："今天，我们的军队在纪律和操守方面处于历史上最好的状态。军队从未像今天这样富有德性(morale)。"①

然而，军事活动的纪律仍然得到了高度重视，《统一军事司法典》第 90 条、第 91 条禁止了违抗上级命令的行为，第 92 条则禁止了违反一般命令和规定的行为，从而维护了上级军官制定规则、下达命令的权威性，进而巩固了军队中也已存在并行之有效的上下级之间的服从关系。联邦法院系统还是对军事活动保持了相当程度的尊重。比方说，在 1976 年的格瑞尔诉斯波克(Greer v. Spock)案中，美国最高法院指出，美国陆海军的首要职责是打仗或准备打仗。而基于这一认识，法院在此案中以 6:2 的多数判决军事基地长官有权在军事基地禁止一切政治活动，包括散发传单、发表政治演说等。② 而在此前的

① Cabell F. Cobbs, *The Uniform Code of Military Justice in Wartime-Another View*, American Bar Association Journal, Vol. 48:12, p. 1127(1962).

② See Greer v. Spock 424 US 828,838 (1976).

帕克诉李维(Parker v. Levy)案中,美国最高法院指出,李维上尉反对越战,并煽动黑人拒服兵役,经军事法庭根据《统一军事司法典》判处刑罚,《统一军事司法典》并无违宪之处——军人虽享有言论自由,但其程度应与平民不同。[①]

(三)军事司法审查军事的理念基础

行政诉讼是一种针对权力的制约,无论从哪个角度来看,军事行政诉讼都可能涉及下级对上级的监督。在军事行政诉讼的语境下,必然出现军事权与司法权的相互冲突。具体而言,军事司法是谁的军事司法,从制度层面最终决定了军事行政诉讼制度能否有效建立起来。

1. 不同类型军事司法理念对军事行政诉讼的影响

总体来看,军事司法类型对于军事行政诉讼制度的形成具有极为重要的影响。源自国家司法权的军事司法权能够更好地支持军事行政诉讼制度建设;源自军事统帅权的军事司法权则天然排斥军事行政诉讼制度建设。其主要原因在于,军事行政诉讼制度是一种"兵告官"的制度设计,当军事司法制度是指挥官的军事司法时,这种军事司法制度不过是指挥官的手段,应以维持军队中的纪律和指挥官的权威为主要目标,自然

---

① See Parker v. Levy,417 US 733,759 (1974).

无法容忍“兵告官”这种显然有损指挥官权威的情形出现；当军事司法制度是法官的军事司法时，这种军事司法制度被视作国家司法制度在军队中的延伸，自然应当以维护军队中的正义为重要目标，从而能够在一定程度上容纳军事行政诉讼制度。

具体而言，指挥官的军事司法无法支持军事行政诉讼制度的建立。就理论层面来看，指挥官权威是这种军事司法制度的首要目标，确保军事上的胜利是军事司法制度的基本要求，其核心内容是指挥官通过军事司法制度对违反军纪的下属进行惩戒，其基本内容和核心内容是军事刑法。就实践层面来看，指挥官的军事司法强调军事司法机关的产生最终决定于指挥官的命令，其判决也在很大程度上取决于军事指挥官的意志，从而不可能有效监督指挥官的行为。

而法官的军事司法能够有力地支持军事行政诉讼制度的建立。就理论层面来看，法官的军事司法高度重视对军事法律制度的实施，其核心内容是通过公正的军事审判，强化法律在军队中的实现，其主要内容不仅包括军事刑法，还可能包括军队内部的民事、行政案件的处理。就实践层面来看，法官的军事司法强调军事司法机关是国家司法机关在军队中的延伸，其所实现的是国家法制的统一意志，法官是法律的维护者，与军事指挥官之间并无直接的命令服从关系，从而有可能监督指挥官的行为。

2. 我国军事司法理念能够有力支撑军事行政诉讼制度

从宪法来看,我国军事司法制度无疑是一种司法制度。但就实践而言,军事司法制度同时体现了军事性,能够为军事行政诉讼制度建设提供制度上的有力支撑。具体而言,我国的法律制度承认军事司法的国家属性,其制度目的是维护国家法制的统一性。得出这一结论并不困难,主要有如下两点依据:

第一,从宪法角度来看,军事司法的国家属性,体现在《宪法》第 129 条第 1 款(中华人民共和国设立最高人民法院、地方各级人民法院和军事法院等专门人民法院)和第 135 条第 1 款(中华人民共和国设立最高人民检察院、地方各级人民检察院和军事检察院等专门人民检察院)。从体系解释而言,这些制度直接规定于《宪法》第三章"国家机构"的第八节"人民法院和人民检察院",它本身就意味着军事司法相关制度基于司法权产生,而非军事权的产物。

第二,从制度运行的角度出发,军事法院也与国家法院体系相衔接。军事法院按照高级人民法院、中级人民法院和基层人民法院进行级别安排和设置;军事法院的法官职称也与地方法院相一致,并无实质差异。一般情况下,解放军军事法院院长的法官级别为一级大法官,并由全国人大常委会任命,体现了很强的共通性。而最高人民法院制定的相关司法解释,同样适用于军事法院。

基于这一考虑,我们可以将军事司法制度总体理解为国家司法制度在军事中的运用和实现,这便在理念基础上为军事行政诉讼制度开了绿灯。实际上,军事法院受理民事诉讼,同样是这一理念的重要体现,这说明军事司法在我国并非由指挥官主导,而是法官依法实施的制度。军事行政诉讼制度的建设过程也体现了这一原则——军事行政诉讼制度的试点,就是经中央军委批准,并经最高人民法院批复同意后启动的工作,这充分说明了国家司法体系对这一问题的分工。

三、军事司法制度对军事行政诉讼的影响

对于世界各国而言,军事司法制度早已形成了复杂的模型。具体涉及"人""事"两个方面问题:第一,何人由军事法庭审判?军人?平民?敌人?第二,何事由军事法庭审判?涉及军事?军民兼有?纯粹民事?这两方面问题的排列组合,构成我们考察不同类型军事审判制度的关键所在。

(一)纯粹的军事审判模式

纯粹的军事审判模式是指设立一个军事法庭,由其专属管辖军队成员所犯所有罪行(普通罪行、军事罪行和违纪行为),这种军事审判模式排除了其他法庭对军人的管辖,也排除了军

事法庭对平民的管辖,其管辖依据纯粹基于“人”的身份差异。

纯粹的军事审判模式包括临时军事法庭和常设军事法庭方案。

其中的临时军事法庭方案,是指在某个法庭召集人的召集下,设立军事法庭,并由该军事法庭就案件进行案件审理。早期的军事法庭多为临时军事法庭,在这个方案中,军事司法审查难以在外观上保持其公正性。这主要是因为:第一,召集人在诉讼中地位过分重要,甚至兼具多种角色,公诉人、法庭成员往往在军队体系中隶属于召集人,从而使其能够全面把控整个诉讼过程;第二,此种审判往往缺乏公开性,特别是召集人与法庭成员之间是否存在某些特定指示、命令,当事人一概不知,对于维护司法公正而言殊为不利;第三,此类判决最终需要经过指挥官确认方才生效,而召集人往往就是最终确认判决生效的指挥官,这也难以维护司法活动的权威性。临时军事法庭方案显然将军事司法视作军队纪律手段的当然延续,相关制度最初产生于英国,并广泛适用于英美法系国家和英国的传统殖民地。

常设军事法庭方案,则是根据法律的明确规定,在军队内部设立一个军事法庭,军事法官与指挥官之间没有明确的命令服从关系,从而确保常设军事法庭的独立性。随着临时军事法庭的制度设计广受批评,英国、美国都对此进行了改变,一些传统上移植了英国法的国家也进行了相关改革,具体而言,就是以常设军事法庭代替临时军事法庭。例如,作为前英国殖民地,南非联邦在1912年至1957年实施英国军事法。1957年,南非联邦议会通过了《南非国防法44号》和《军事纪律法典》,这两部军事司法法律允许基于个案考虑召集临时军事法庭。1961年,南非共和国成立,此前的军事法律制度仍然得以保留。此后,南非共和国的种族隔离制度结束,该国于1996年通过新宪法,军事法庭面临着越来越大的压力。1999年,该国最高法院宣布1957年《军事纪律法典》的若干条款违宪。议会考虑到该国最高法院的意见,于1999年通过了《军纪补充措施法第16号》,从而对南非共和国的军事司法制度进行了一个根本性的改变。根据这一法案,一个常设的军事法庭取代了临时军事法庭。然而,尽管如此,军事法官在确保独立性和公正性上仍然存在风险。这主要是因为,军事法官的工作任期没有得到充分保障,军事法官由国防部长任命,需要定期重新任命。部长有权基于行为不当、无能或无能力而罢免法官。为了不危及今后的任命,法官可能会倾向于服从负责其任命的指挥官的意愿。①

① See Geneva Centre for the Democratic Control of Armed Forces (DCAF), The South African Military Justice System, https://www.dcaf.ch/sites/default/files/publications/documents/MJ_SouthAfrica_ENG.pdf. visited in 2020.2.21.

在常设军事法庭和临时军事法庭方案的基础上,又可能产生一种二者相结合的混合方案,也就是一审的机构为临时军事法庭,但设立一个常设的上诉军事法院,由其处理针对临时军事法庭判决的上诉。这就兼具临时军事法庭的灵活性和便捷性,又发挥常设军事法庭公正性的优势,从而在秩序和公正之间寻求一个平衡点。

(二)军民混合司法模式

军民混合司法模式是一种以管辖权划分为基础的司法模式。通常而言,这种模式可能采取如下方式加以设置,也可能将多种混合方式进行再次叠加运用。

1. 以身份为基础进行的混合模式

这种混合模式的设置方法为:(1)同时设置军事法庭和民事法庭,其中军事审判的被告人仅限于军人,不得对平民实施军事审判。(2)军事审判管辖权受到限制,具体而言,当案件涉及的平民为受害人时,或者当案件不涉及军事职务时,由民事法庭进行审判。这里实际包含两个标准:一是被害人的身份为平民,二是职务联系的标准。关于前一标准,主要是因为当被害人为平民时,要求民事法院进行审判能够防止军事法院对军人被告的偏袒;至于后一标准,则是为了避免对军人权利的过分克减,当军人的犯罪行为与职务无关时,自然不至于引发军事利益的减损，因此应当采取由地方法院审理的模式。对于一些英美法系国家而言，被害人为平民且无职务上的联系，交地方法院审判；被害人为平民但有职务上的联系，交军事法院审理。

但值得注意的是，职务标准说在一些国家遭遇质疑，并产生了一定争议，在一定程度上已经废止。例如，美国联邦最高法院在 1969 年的奥・卡拉汉诉帕克（O'Callahan v. Parker）案中确立了这一标准，[①]该案判决指出，军事审判意在维护军事纪律，因此民事审判有利于保护个人权利，而军事审判以报应性正义为标志。上诉人在其犯罪和接受军事法庭审判时是武装部队的一员，这一事实并不一定意味着他就应当接受军事法庭的审判。在军事管辖下，犯罪必须与军事有关，以免剥夺所有武装部队成员享受大陪审团起诉和陪审团审判的权利。法院进一步指出，案件必须具有“职务联系”，并基于这种职务联

① 奥・卡拉汉是一名在夏威夷服役的美国陆军中士，他在当地穿着平民服装闯入一间旅馆房间，袭击并企图强奸一名女孩。被逮捕之后，地方警察得知其在武装部队服役，便把他交给宪兵。经过审讯，原告对相关事实供认不讳。此后，他被指控犯有强奸未遂、入室行窃和强奸未遂袭击罪，违反了《统一军事司法典》第 80 条、第 130 条、第 134 条之规定，后经军事法庭审判，认定罪名成立，并被判刑。该判决得到陆军审查委员会的确认，随后又得到美国军事上诉法院的确认。后来，奥・卡拉汉向地方法院提交了一份请求人身保护令的请愿书，声称军事法庭没有管辖权来审判他在晚间休假时犯下的非军事罪行。地方法院拒绝给予救济，上诉法院维持原判。

系,适用《统一军事司法典》对军人进行审判,而所谓职务标准,包括犯罪行为发生地、犯罪行为与职务的关系、受害人是否具有军籍,等等。正因如此,法院认为,请愿人的罪行与他的军事职责之间甚至没有任何联系,这些罪行是和平时期的罪行,发生在美国领土上,且不涉及军事权力、安全或财产,因此推翻了之前的判决。[①] 在此后一起类似的案件中,法院也采取了同样立场。[②]

但这迅速带来了复杂的问题,在 1987 年的一起案件中,法院更改了原先的立场,可以说是放弃了“职务联系”标准。[③] 美国联邦最高法院指出,在奥·卡拉汉案和利弗尔德案后,军事法院界定了无数种需要进行细致分析的“职务联系”的类型。例如,军事法院为了确定管辖,区分了在军事基地内所犯的罪行、在军事基地外所犯的罪行、在军事基地内外所发生的事件引起的罪行,以及在军事基地内或军事基地附近所犯的罪行之

① See O'Callahan v. Parker,395 U. S. 258(1969).

② See Relford v. Commandant,401 U. S. 355 (1971).

③ 这起案件的上诉人索洛里奥(Solorio)服役于美国海岸警卫队,他涉嫌在休假期间,在自己家中对自己同事的两个未成年女儿进行性虐待,根据《统一军事司法典》的规定,军事法庭审理了这一案件。地方法院则以奥·卡拉汉案为依据,肯定了索洛里奥的申请,认定军事法院没有管辖权。而海岸警卫队复审军事法庭认为该案涉及军队内部关系,军事法庭若不处理,有可能损害军队的士气,因此坚持作出定罪判决,军事上诉法院也支持了该法庭的认定。此案最终上诉至美国联邦最高法院。

间的细微差别。许多时间和精力也花费在其他管辖权问题上，例如犯罪受害者的地位等，但结果很难保持一致。这种混乱在很多案件中得到体现，例如，军事上诉法院就裁定军事基地外的毒品犯罪具有“特殊的军事意义”，军事法庭有权对这类案件进行审判。[①] 正是基于这些考虑，美国联邦最高法院指出，处理军事法庭管辖权的新方法必须“向经验和理性低头”，据此认定，召开军事法庭审判一名犯罪时是军人的公民并不违反宪法的要求。[②] 至此，所谓职务标准的说法，在美国联邦最高法院得到了最终否定。

无独有偶，2015 年，加拿大最高法院在一起判决书中强调，国会创设军事司法系统的目的，在于提供一套程序制度去确保军纪、效率和军心士气的维持，哪怕所违犯之事件仅仅是单纯的刑事或诈欺行为，或者无涉军事职务行为，其仍会对军中的纪律规范、效率和士气产生冲击影响。[③] 可见，职务联系标准存在的问题主要是标准模糊不易判断，从而造成了实践中很大的困扰，不能成为军事法庭与地方法院之间划分权限的依据。

---

① See United States v. Beeker,18 U. S. C. M. A. 563.

② See Solorio v. United States,483 U. S. 435 (1987).

③ 参见张玮心:《加拿大军事司法的建构与防卫联盟的启发》,载《军法专刊》2018 年第 1 期。

2. 以地域为基础进行的混合模式

这种混合模式的设置方法为：(1)同时设置军事法庭和民事法庭。(2)国土之内的军人犯罪由地方法院管辖，国土之外的军人犯罪由军事法院管辖。(3)军事法庭也可能对国土之外涉及特定犯罪的平民实施管辖。以地域为基础进行的混合模式的制度目的在于解决海外驻军的管辖问题——尽管司法管辖权一般受限于国家领土范围之内，但在其他国家同意的情况下，司法管辖权可能延伸到他国领土，这就是所谓的境外管辖问题。[①] 这一问题的产生实际是“平等者之间没有管辖权”这一古老原则在军事审判过程中的体现——当一个国家在外国驻扎军队时，这些军队作为国家主权的象征，其所属成员的犯罪问题也因为国际法的介入而成为一个异常复杂的问题。早在 1812 年的斯库诺交易号诉麦克法登（The Schooner Exchange v. McFaddon）案中，这个问题就已经出现。美国联邦最高法院在这个案件中就认为，当一个国家允许外国军队过境时，它就实际放弃了对这些军队的司法管辖权。[②] 然而时过境迁，这种逻辑显然已经不能适用于当今的国际社会。

现代国家解决这一问题的方式主要是通过国与国之间签

---

① See Joop Voetelink, *Status of Forces: Criminal Jurisdiction over Military Personnel Abroad*, asser press, 2015, p. 115.

② See The Schooner Exch. v. McFaddon, 11 U.S. 116.

订的部队地位协定。而在第二次世界大战之后,部队地位协定发展极为迅速,其内容和形式都发生了重大变化。[①] 由于驻外军队主要存在于北约各国特别是美国,目前重要的部队地位协定也发生在这些国家。这类协定可能包含许多条款,可能包括制服的穿着、纳税、携带武器、使用无线电频率、海关规定等,但其中最常见的问题是驻在国对派驻国军人行使刑事管辖权的问题——有时也可能包括民事管辖权的行使问题。部队地位协定可以分为双边部队地位协定和多边部队地位协定两种。

所谓多边部队地位协定,是多个国家共同签署的部队地位协定。在"一战"和"二战"之间,国际联盟就采纳了一个适用于国际联盟参加国之间的协定。而目前仍然存在的多边部队地位协定,主要是 1951 年的《北约部队地位协定》以及与之相关的 1995 年《和平伙伴计划部队地位协定》。《北约部队地位协定》于 1951 年 6 月 19 日签订于伦敦,适用于北约成员国之间。而在 1994 年,美国推动了和平伙伴计划,根据这一计划,一些原华约国家和欧洲中立国家成为北约的和平伙伴,这是北约成立 45 年来的首次东扩举措。当时共有 30 个国家签署加入这一计划。此后,1995 年 6 月 19 日,《和平伙伴计划部队地位协定》签订于布鲁塞尔,该协定涵盖了 1951 年 6 月 19 日《北

---

① See Joop Voetelink, *Status of Forces*: *Criminal Jurisdiction over Military Personnel Abroad*, asser press, 2015ed., p. 7.

约部队地位协定》的大部分条款,但作了必要的修改。《北约部队地位协定》和与之相关的《和平伙伴计划部队地位协定》涉及世界上大约60个国家,因此已经成为世界上最重要的一套多边部队地位协定系统。

所谓双边部队地位协定,则是由派驻国与驻在国签署的部队地位协定,它又可以包含多种类型,我们可以根据其内容,将其区分为平等的部队地位协定和不平等的部队地位协定;也可以根据其时限,将其区分为短期部队地位协定和长期部队地位协定。例如,在阿富汗问题上,2003 年生效的《驻阿美军地位公约》规定,美国国防部军事和文职人员的地位应相当于 1961 年《维也纳外交关系公约》规定的美国大使馆行政和技术人员的地位。因此,美国人员不受阿富汗当局的刑事起诉,也不受民事和行政管辖,除非是在其职责范围之外的行为。阿富汗政府也进一步明确授权美国政府对美国人员行使刑事管辖权。这种部队地位协定总体来看就是一种不平等的部队地位协定,也是一种长期部队地位协定。又如我国与俄罗斯联邦开展联合军事演习,为了明确我国军队到境外可能出现的若干法律问题,国防部部长代表中华人民共和国于 2005 年 8 月 6 日在北京签署《中华人民共和国和俄罗斯联邦关于举行联合军事演习期间其部队临时处于对方领土的地位的协定》,并经第十届全国人民代表大会常务委员会第二十八次会议批准。该协定对司法管辖问题进行了符合对等原则的规定。从条文内容来看,这就是一种平等的部队地位协定,也是一种短期部队地位协定,随着演习的结束和部队的撤回,将不再继续实施。

需要注意的是,在一些国家,由于长期存在驻外军队,其境外司法管辖权不仅涉及军人,还可能涉及与之共同生活的军人家属,也可能涉及某些特定情况下的随军平民、敌方平民等。这种审判主要有三种情形:一是戒严期间的平民;二是随军的家属;三是伴随军队一起行动的军事承包商。可以说,对平民进行军事审判的问题,对海外驻军而言,是一个具有一定普遍性的问题,在我军已在吉布提建立海外保障基地的情况下,部分官兵也在该基地长期生活,随军家属的司法管辖权问题,最好加强研判,与驻在国友好协商,明确相关制度,加以妥善解决。

(三)纯粹的民事审判模式

纯粹的民事审判模式,是指平时不设置军事法院,所有军人违法均采取民事法院管辖的做法。采取这种方式进行审判,通常原因在于对军事审判的不信任。德国军法体系即采取此种制度安排,德国联邦国防军(德国武装部队)任何分支的成员均受普通民事司法管辖,除非另有规定,否则所有民事法律也适用于士兵。具体而言,德国的军事司法设置于德意志联邦共和国《基本法》的第九章“司法”当中，根据该法第 96 条“其他司法机关”第 2 款之规定，“联邦可设立联邦军事刑事法院。这些法院只能在国家处于战时状态时行使刑事管辖权，或者对在海外、军舰上服役的武装部队成员行使刑事管辖权。具体细节应当由联邦法律规定。这些法院应由联邦司法部长管理。其专任法官应当具有担任司法职务的资格”。然而，从实践情形来看，德国始终没有设立相关法院，在境外犯罪的军人及军属的案件交由波茨坦市地方法院处理。

（四）军事司法审查军事的制度基础

我国的军事权与行政权分属不同机关，“军事行政”涉及两种制度的“嫁接”，实际是将两种较为类似却又存在显著差异的权力运行模式混同起来。军事行政诉讼还要将军事行政纳入司法审查，更使三种类型的权力出现重叠，令相关研究越发复杂。但从我国目前的军事司法制度来看，实际已经具备了审理军事行政诉讼案件的制度基础。

1. 不同类型的军事司法制度对军事行政诉讼的影响

军事司法类型总体上可以分为纯粹的军事审判模式、军民混合司法模式和纯粹的民事审判模式。通常看来，纯粹的军事审判模式最能够体现指挥官的军事司法的理论要求，而纯粹的民事审判模式可以最大程度上体现法官的军事司法的理论要求。但从实践来看,这种结论仍显草率——例如,俄罗斯采取军事审判的方式处置军队内部的案件,而军事法院是国家法院系统的一部分。德国则是实践中的民事审判模式,二者均建立起了军事行政诉讼制度。

问题的关键在于,法院的组织结构能否对军事行政诉讼制度形成有力支持。尽管纯粹的军事审判模式更加倾向于维护军事法律与普通法律之间的差异性,自然有一种将军事法独立于国家法律体系之外的倾向,但这并不意味着纯粹的军事审判模式就不能形成适应军事行政诉讼制度的法院组织。在采用常设军事法庭制度的纯粹的军事审判模式下,法律也可能对军事法官的独立性提出明确要求,并强调军事法官在执行法律的过程中必须严格遵守法律的要求,而非完全服从于指挥官的意志。这种常设军事法庭的模式便可能支持军事行政诉讼制度的要求。反之,最不能支持军事行政诉讼的军事司法制度便是临时军事法庭制度,因为这种法庭的召集人便是军事指挥官,而任何人都不可能为自己的法官,让指挥官召集的法庭审理其行为,容易产生公正性上的严重疑虑,这套司法制度的可靠性便理所当然地会遭遇严重质疑。

2. 我国军事司法制度能够有力支撑军事行政诉讼制度

我国军事司法机关与其他机关之间保持了相对的独立性。但在 2016 年之前,军事法院和军事检察院按照部队序列进行设置,在开展军事审判时,便难以做到满足军事行政诉讼需求的独立性。“尽管军队还是强调军事法院和军事检察院独立行使军事司法职能,但由于军事司法机关在组织体制上和职能上都归属于军队政治机关,存在着事实上的领导关系和工作联系,故在人员编制和安排、工作职责和范围、工作方式和程序等方面均不可避免地带有一些军队政治工作色彩,军事司法活动容易受到行政权力和其他因素的影响。”①

而在2016年军改之后,除位于北京的中国人民解放军总直属军事法院(相当于中级人民法院,对应总直属军事检察院)和中国人民解放军直属军事法院(相当于基层人民法院,对应直属军事检察院)之外,中国人民解放军军事法院、中国人民解放军军事检察院系统隶属于军委政法委,并以战区为基础进行建制,名称为“中国人民解放军南部战区军事法院”“南部战区军事检察院”等,尽管这些司法机关也没有脱离军队体制,但已经采取了按区域设置的方式、垂直管理的编制安排,能够在很大程度上避免军队内其他系统的干涉,有利于军事行政诉讼制度的实施。

---

① 夏勇:《论军地间的法制协调》,载《法商研究(中南政法学院学报)》2000年第3期。

第二章　军事行政诉讼的价值目标

军事行政诉讼是一项蕴含了丰富价值内涵的制度设计,必须以实现相应价值目标为基本出发点。军事行政诉讼制度价值,在内容上体现为军事行政诉讼制度确立的现实需要,在功能上则体现为军法实务工作者行动的路标和军法研究者解决相关基础问题的指针。科学的军事行政诉讼制度,应当有效实现相应价值目标,避免与之伴生的价值冲突。法的价值往往存在冲突,这种冲突具有对立统一性,如秩序与自由、公正与效率,经常出现冲突之处,但归根结底又具有统一性和一致性。军事行政诉讼制度更是集中体现了这种冲突。具体而言,包括如下两个方面的问题。

一、军事行政诉讼制度的价值冲突

军事法学研究的独特魅力,便在于军事与法律之间的对立统一关系,这种对立统一关系几乎无时无刻不发生于军事法的运用场景当中。在以往的研究中,我们经常忽略对立性,而过分凸显统一性,理想化地将军事与法律之间的冲突一笔带过。实际上,军事法领域中的对立性才是我们理解军事法独特性的重要基础。曾经担任美军越战总司令官的威廉·威斯特摩兰四星上将在1980年的一篇文章中指出:"军事与法律天然存在差异……一个是对权力进行限制的措施;另一个却强调权力的有效运行。一个极端考虑某个价值目标的实现;另一个却更加强调战斗任务的有效完成。一个致力于消除暴力;另一个却在更大的范围内使用暴力。一个致力于运用主权避免混乱与不稳定,另一个则以和平之名,将主权意志(sovereign's will)施加于敌人,在其他地方产生混乱与不稳定。"[①]威斯特摩兰的表述非常清晰地展现了在法律与军事之间冲突的存在。这种冲突发挥到极致,甚至可能使我们所习见的那些一般法律价值在军

---

① William C. Westmoreland & George S. Prugh, *Judges in Command: the Judicialized Uniform Code of Military Justice in Combat*, Harvard Journal of Law and Public Policy, Vol. 3:1 p. 1 –2(1980).

事领域遭遇克减乃至废弃。在一些具体领域,包括军事行政、军事司法、军事法律顾问、军事立法等,都存在于其他领域部门法的显著差异。具体到军事行政诉讼制度问题上,这一制度将军事权纳入了司法权的审查视野中,将军事、行政、司法这样三种运行规律各不相同、操作模式差异甚大的体制机制融为一体,从而产生了极为复杂的价值冲突,需要我们从价值层面加以深入分析。

(一)军事指挥权、军队建设权与军事司法权的冲突

"军种主建,战区主战"格局的产生,赋予了各机关在领导上的权限。二者因专业而各自具备相关领域的权威。军事行政诉讼制度的建设,实际使军事指挥权、军队建设权处于一种可审查的场景中,很容易触碰军事法中的一个核心问题。

正因如此,在军事行政诉讼制度制定实施的过程中,始终存在一种反对观点。这种观点认为解决军内矛盾的根本办法是加强思想政治工作,完善控告、申诉制度,严格纪律,在我军内部实施军事行政诉讼制度,既没有必要性,也缺乏可行性,弊多利少,不可期望过高。具体包括:(1)我军是高度集中统一的武装集团,其根本职能是抵御侵略、保卫祖国、保卫人民的和平劳动。这决定了我军内部的行政关系更加强调和突出命令性、限制性和时效性,强调权力与服从,要求军人和军队各级组

织必须遵守“下级服从上级”“一切行动听指挥”的铁律，允许“兵告官”会导致士兵告军官、下级告上级，不利于培养军人高度的组织纪律观念，势必降低军事领导机关和首长的威信。(2)处理我军内部官兵上下级之间的矛盾，主要靠加强思想政治工作，提高军官素质，发挥骨干作用，发扬“三大民主”，开展尊干爱兵活动。运用行政诉讼制度，容易破坏“下”和“上”的关系，以至于旧的矛盾未解决，新的矛盾又出现。(3)军队内部的军事行政诉讼不仅在和平时期有副作用，在非战争军事行动期间和战时更为突出，很可能涣散军心、贻误战机，造成严重后果。因此，军事行政诉讼制度是弊多利少。①

笔者则认为，军事行政诉讼制度的良好运行，实际并不会对军事指挥权的运行造成严重影响，反而会更好地维护军队的高度集中统一，更高质量地实现依法治军：

第一，军事行政诉讼制度的运行，实际有利于军队的高度集中统一。军队的集中统一，必须统一到体现党中央、中央军委方针、政策的军事法律、法规和规章上来，这就更加需要通过法院严格依法审理军事行政案件，驳回没有法律基础的诉讼请求，撤销或纠正违法决定。领导机关和首长的权威在军队中是重要的，但是这种权威必须建立在处理问题正确、合法的基础

---

① 参见夏勇、周健、徐高：《军事行政法律行为研究》，法律出版社1996年版，第203～204页。

上，从严治军、依法治军要从领导机关和首长做起。在这个意义上，引进行政诉讼不会降低领导机关和首长的权威，不会影响军事行动的效率。司法机关对具体军事行政行为进行合法性审查，防止错误决定造成不良后果，正是维护了军事机关和首长的权威。

第二，军事行政诉讼制度的运行，有利于有效化解内部纠纷，维护军队的稳定。近年来，军队内部各种行政争议屡有发生，但由于军队行政诉讼制度的缺失，相关人员投诉无门，一些纠纷久拖不决，严重牵扯了有关军事机关和领导的精力，使他们将本应用来思考、谋划备战打仗的时间用于处理内部争议，严重影响部队的正常工作秩序，损害了军事机关威信，甚至酿成事故和更加严重的恶性事件。如果将军内行政争议交军事法院由行政诉讼方式解决，既可以保证军事机关的权威和效率，又能发挥好军事司法机关在解决争议方面的权威性和专业性，迅速化解军队内部矛盾，为军队内部的稳定形成有力支撑。

第三，军事行政诉讼制度的运行，有利于实现依法治权。习近平主席在中央军委改革工作会议上强调，"要着眼于深入推进依法治军、从严治军，抓住治权这个关键，构建严密的权力运行制约和监督体系"①。实践早已证明，行政诉讼是治权的

① 《习近平著作选读》(第 1 卷)，人民出版社 2023 年版，第 388 页。

有效手段。军队中客观存在着行政管理行为,这些行为必须依法进行。同时,军队的行政行为带有更高程度的强制性,这势必会增加侵权行为发生的可能性,更加需要有效的监督。实行行政诉讼制度,对违法者进行制裁,可以督促有关军事机关及其工作人员恪守职责,严格依法办事,避免官僚主义,防止失职渎职行为发生,促进各级军事机关依法行政。同时可以有效地检查行政行为的效果,及时纠正偏差,及时审查监督行政行为有无不当或者违法,以及是否对国家军事利益及其工作人员的合法权益造成损害。

第四,军事行政诉讼制度的运行,不会影响军队令行禁止的作风。习近平主席指出,要实现治军方式的"三个根本性转变",即从单纯依靠行政命令的做法向依法行政的根本性转变,从单纯靠习惯和经验开展工作的方式向依靠法规和制度开展工作的根本性转变,从突击式、运动式抓工作的方式向按条令条例办事的根本性转变。[①] 同时,可以通过行政诉讼制度建设,进一步限缩受案范围,对哪些行政行为可以提起诉讼作出具体规定,并不会造成过繁的诉讼,何况军队在实行行政诉讼制度后,还可以通过立法进一步具体规定诉讼范围和起诉的限制性条件,如战时、战地不得提起诉讼等。

---

① 参见《习近平著作选读》(第 1 卷),人民出版社 2023 年版,第 388、395 页。

（二）官兵权利保障与指挥官纪律权威的冲突

对地方而言，行政诉讼制度的目的就是维护公民合法权利，监督行政机关依法行政，二者之间没有任何冲突。然而，军队是执行战争和非战争军事行动任务的武装集团，官兵合法权利和指挥官权威都是需要重点考虑的价值。军队的纪律性强调上下级的服从关系，这是军队打胜仗的前提。董必武就曾于1957年在军事检察院检察长、军事法院院长会议上指出，“军队里面需要法制，法制的作用在于巩固军队纪律”①。这种价值取向的差异，根本决定了军事司法制度的特殊性。因此，在行政诉讼制度的建设过程中，必须兼顾官兵权利保障与指挥官权威的维护。

有一种观点认为，军事行政诉讼不利于军内的团结。我军是中国共产党绝对领导的人民军队，军队内部坚持官兵一致、平等相待的同志关系，官兵之间没有根本的利害冲突。即使发生矛盾，通过批评与自我批评，通过控告和申诉，运用执行纪律的办法，也完全可以解决，没有必要提起行政诉讼即用“兵告官”的办法去解决。允许“兵告官”会在干部与战士之间造成一条鸿沟，疏远官兵关系，既不利于军内团结，也容易损伤军官

① 本书编辑组编：《董必武法学文集》，法律出版社2001年版，第380页。

大胆管理部队的积极性,不利于对部队的管理教育。[①]

实际上,军人身份具有两重性——作为军人,要参与履行法定的国防义务的活动;作为公民,应充分享有法律赋予每个公民的民主权利。军队内部确实也存在行政诉讼法受案范围所列举的那些行为和由此引起的争议,如军队有关部门不依法发给伤残军人抚恤金,强求部属或士兵履行兵役和国防义务之外的其他非法定义务,因处理除名、退伍、转业、行政看管等引起的争议,对军队医疗、交通事故纠纷裁定不服的争议等。

党的十八大以来,党中央和中央军委围绕加强作风建设举措频出,动作之快、力度之大、态度之坚决、影响之广泛、效果之明显,令人耳目一新。然而,侵犯官兵合法权利的事件在部队仍然时有发生。从长远角度出发,随着社会公众法治意识的提升,必须建立相应体制机制,有效维护官兵合法权利,巩固已有的作风建设成果,将其制度化、法规化。行政诉讼不仅通过赋予行政管理相对人的诉权,使权力的行使受到监督,而且通过事后救济的方式使滥用职权或违法渎职行为得到纠正,这就在客观上增强了行政主体的自我约束机制,在这个意义上,实行行政诉讼制度是部队作风建设的一个重要措施。

同时要指出的是,军队的内部关系应当建立在合法的基础

---

① 参见夏勇、周健、徐高:《军事行政法律行为研究》,法律出版社1996年版,第203页。

上，如果不顾法律规定，不依法分清是非、明确界限，以一味忍让、放任违法现象为代价去避免官兵鸿沟，不仅难以真正实现团结，还会助长部队建设中的随意性，带来严重危害后果。我们也一直认为，即便开放了军事行政诉讼制度这个司法救济渠道，也不可能有很多人会以打军事行政诉讼官司为乐事，更不可能出现一些同志所想象的滥诉情形。行政诉讼试点多年以来，相关案件仍然较为罕见的事实也说明了当务之急仍是扩大案源，让更多案件纳入审理范围，从而更好地保障官兵合法权益，至少目前还不是考虑滥诉问题的时候。

二、军事行政诉讼制度价值冲突的解决

军事行政诉讼制度的建设，需要考虑军事行政诉讼制度的价值目标，审慎解决军事行政诉讼制度的价值冲突。

（一）充分认识到军事行政诉讼价值冲突的内在统一性

应当认识到，军事正义与军队建设并没有本质冲突，它们是矛盾的一体两面，单纯强调军事正义或单纯强调战斗力都是片面偏颇的。前述两种对立关系虽然存在，但也能最终统一于强军实践当中：

第一，就军事指挥权、军队建设权与军事司法权的冲突这

一问题,应当认识到,根据《中央军委关于新形势下深入推进依法治军从严治军的决定》,军事权力应当遵循“党委依法决策、机关依法指导、部队依法行动、官兵依法履职”的基本要求,军队建设和军事指挥必须依法进行,当军队建设、军事指挥的相关权力超越法律限制之时,即应当受到限制,相关机构也应当承担相应责任。

第二,就官兵权利保障与指挥官纪律权威的冲突这一问题,应当认识到,在新形势下,只有在“办事依法、遇事找法、解决问题用法、化解矛盾靠法”的新环境中,指挥官权威才能真正树立起来。科学合理的军事行政诉讼制度,能够促进科学的军事制度的形成,为政治建军、改革强军、依法治军提供强大助力。

(二)充分尊重军事活动的专业性和司法活动的权威性

军事司法制度的建设不可避免地会造成军事法院对军事指挥官权限的干涉,要解决这一冲突,应当充分尊重军事、司法两方面的专业性:

第一,尊重司法活动的权威性。没有权威的司法,必然形同虚设。对军事而言,亦应尊重司法活动的权威性,这具体包括如下几点要求:(1)尊重司法人员的专业性,司法是一项专业的工作,法官需要精通整套诉讼程序和全部实体法律,如此方能对具体个案作出公正、合法的判断。这种专业性与军事专业性一样，需要长时间的训练和实践方能达致。(2)保障司法机关的中立性，司法机关的中立性意味着，在审理案件的过程中，司法机关是独立的第三方，不受外界力量不当干涉，要独立自主地认定事实、裁断纠纷、适用法律。(3)保证司法判决的终局性，司法判决的终局性意味着，司法机关对纳入司法程序的纠纷享有最终裁判权，司法判决一旦生效，纠纷就终局性地解决了，如果不能尊重这一决定，使其反复发生，不仅有损司法权威，亦有损指挥官的威信。

第二，尊重军事活动的专业性。从军事活动的特点出发，法官应当对军事指挥权保持相当程度的尊重，这主要出于两方面原因：(1)军事活动的专业性。现代军事科学高度发达，相比军事法官，一线指挥官在军队管理方面更具有专业性，法院对军事指挥官权力应当予以相当程度的尊重。(2)军事活动的实践性。相比军事法官，一线指挥官在军队管理中处于更有利的位置，他们在相关纠纷中更加靠前，对相关情况更加了解，更容易理解其所采取的某些措施在部队管理运行过程中所可能产生的复杂效果，法官则可能难以了解这些问题。需要注意的是，这种尊重并不改变军事司法本身应有的司法性，而是司法谦抑在军事司法领域的具体体现。

(三)科学理解军事行政诉讼制度的优势和局限

任何一种制度都需要在某个特定场景中发挥作用,在军事领域,有形形色色的权利救济制度与手段,如基层风气监督、纪检监察、巡视巡察等,都可能发挥权利救济的作用。军事行政诉讼制度只是其中一种,不仅不是唯一的一种,也很难称得上完美的手段。在认识到军事活动专业性和司法活动专业性的基础上,我们还要认识到军事行政诉讼制度的优势和局限性。

一方面,其他军事体系内的救济制度仍是有效可行的措施。应当认识到,军事制度的作用在于实现军事目标,是为了保障国家和人民的整体利益,科学的军事制度,必须凝聚起整体的力量,发挥好体系的功能,从而取得战争的胜利。因此,军事制度强调统一性,而排斥任何形式的自行其是、各自为战,在这个过程中,个人的权利得到最大程度的克减和削弱,以至于一些在日常生活中习见的基本权利也可能难以得到有效保障。正因如此,在军事制度提供的权利救济手段,仍然以上级对下级的命令服从关系为重要基础,可以说是一种以层级监督为基础的权利救济,这种救济途径缺乏第三方的中立性,在程序上也不够严整,但它毕竟是一种不破坏上下级命令服从关系、不影响军事指挥效率的有效措施。

同时，相比司法救济，由于进行权利救济的机关是上级部门，所以能够有效、彻底地改变原行为，而且无论该行为是不合理还是不合法，都能进行改变，从而较为有效地实现"案结事了"。

另一方面，军事行政诉讼制度在解决纠纷方面有其独特优势。司法制度是一种具备中立性、程序性的权利救济制度，它的优势在于纠纷解决主体的中立性——法官的上司只有法律；在于纠纷解决程序的公正性——无程序则无法律。然而，法院不能包打天下，军事行政诉讼也不能包治百病。诚如何海波教授所言，如果看不到行政诉讼制度固有的局限，一味地要求法院"案结事了"，那么，一些貌似追求彻底解决纠纷的举措可能反过来制造更多的纠纷。相反，如果不理解行政诉讼对于权利保护、行政监督和法律发展的意义，那么，行政诉讼不过是给行政机关和法院"找麻烦"，几乎没有存在的必要。在行政诉讼制度全面实施30多年后的今天，人们应当更理性地看待它在现实中的作用，更具体地分析它固有的局限和潜在的意义。① 相比普通行政诉讼制度，军事行政诉讼制度受到的限制更多，程度更深，特别是受到受案范围、当事人制度、判决类型等的影响，军事司法机关更加难以对军事行政行为进行有效变更，难

---

① 参见何海波：《行政诉讼法》（第3版），法律出版社2022年版，第27页。

以对合理性问题进行审查。这种问题是我们必须正视、理解的,而在制度发展的过程中,要更加仔细认真地面对这些难题,从而既发挥好司法制度的权利救济作用,又不至于干扰和损害军事权的有效运行。

第三章　军事行政诉讼的基本原则

军事行政诉讼基本原则，是反映军事行政诉讼本质内容和基本精神，对军事行政诉讼制度的制定和实施具有普遍指导意义的基本行为准则，应当充分体现军事行政诉讼制度的价值目标，有效调整军事行政诉讼法律关系并指导军事行政诉讼制度规则制定与实施。军事行政诉讼基本原则在军事行政诉讼理论中具有独特价值，它一面承载军事行政诉讼制度的价值目标，另一面接轨军事行政诉讼的具体规则。就价值而言，军事行政诉讼基本原则凝聚了人们的价值共识，奠定了制度的正当性基石；就规则而言，军事行政诉讼基本原则归纳了军事行政诉讼规则的共同特征，形成了关于军事行政诉讼规则的规律性认识。作为国家法律制度的一部分,军事行政诉讼制度应遵循行政诉讼法的一般原则,包括人民法院依法独立行使审判权、以事实为根据以法律为准绳、合法性审查、当事人法律地位平等、辩论原则、两审终审、公开审判等。但基于其特征,也应形成独有的特殊原则,以实现行政诉讼制度设立之目的。关于行政诉讼一般原则的论述目前已经形成通说,此处不赘述,仅对军事行政诉讼的特殊原则进行讨论。

一、确立军事行政诉讼基本原则的基本要求

从法律原则一般原理出发,军事行政诉讼基本原则的明确应当主要考虑如下三方面问题。

(一)高度凝练概括军事行政诉讼价值目标

诚如罗斯科·庞德所言,"在法律史的各个经典时期,无论在古代或近代世界里,对价值准则的论证、批判或合乎逻辑的适用,都曾是法学家的主要活动"①。法律原则集中体现了法的价值追求与精神,是对不同历史时期、不同法律部门价值目标的集中概括。

---

① [美]罗斯科·庞德:《通过法律的社会控制》,沈宗灵译,商务印书馆1984年版,第55页。

总的来看,法律原则深受法律性质及其阶级属性的影响。在中国古代封建社会中,法律的核心价值取向在于维护封建统治秩序,遂催生了“春秋决狱”的原则,将儒家经典作为定罪量刑的重要依据。西方近代资本主义法律则致力于维护资产阶级利益,由此催生了人权原则,强调以法律手段保障公民的各项权利。至于我国的社会主义法律,则坚定地维护社会主义根本制度,确立了坚持中国共产党领导的宪法原则,彰显了法律的社会主义本质。

具体到部门法领域,特定部门法的调整对象也会产生不同的原则。例如,近代刑法以人权保障为基石,确立了罪刑法定、罪责刑相适应及刑法面前人人平等的基本原则,这些原则体现了刑法对人权的尊重与保护。作为调整平等主体间法律关系的民法,则相应衍生出了一系列如平等、自愿、公序良俗、诚信、公平等原则,这些原则以简洁明了的方式揭示了民法的核心价值和基本特征,促进了民法价值目标的实现。

而从发展的眼光看,法律原则也会随着价值目标的发展而不断演变。以我国《民法典》为例,其中纳入的“绿色原则”便不同于其他国家民法体系中的一些经典原则,其不仅体现了当代法律对环境保护价值的高度关注,也彰显了法律所追求的价值目标随着时代变迁而不断发展的特征,为部门法发展注入新的活力。

军事行政诉讼的基本原则旨在科学概括并有效总结该制度所追求的核心价值目标,以充分彰显其使命与任务。正如前文所述,军事行政诉讼的价值目标展现出一定的复杂性,它不仅直接触及军事指挥权与司法权之间的微妙平衡,还深刻反映了指挥官权威与司法公正之间的潜在冲突。军事行政诉讼基本原则的确立,应当深刻体现并维护这一制度的独特价值与平衡机制,避免任何一方过度侵蚀另一方的合理空间。具体而言,就是要直面这种价值冲突,既要尊重军事活动的特殊性和专业性,确保军事指挥权的高效运行,又要确保司法审查能够有效纠正军事行政行为中的违法与不当之处,维护司法审查的公正性,实现军事与司法的和谐共生。

要注意的是,法律的基本原则具备高度的抽象性,它们是对某一类行为或关系的概括性描述,并不直接关联到具体的事实状态或行为模式。这种抽象性赋予了法律原则在适用过程中的灵活性和不确定性,但同时也可能引发法律原则之间、法律原则与法律规则之间的潜在冲突。例如,某位“大胃王”主播与经纪公司之间签署一份在网络平台进行“吃播”的劳务合同,基于自愿原则,该合同理应产生法律效力,但从合同内容看,却可能因浪费食物而违反公序良俗或绿色原则。显然,法律原则具有复杂性和灵活性。正因如此,在确立军事行政诉讼原则时,我们也无须过分忧心于不同原则中可能出现的价值冲突——这正是法律原则固有的特性,这一问题理应由法官结合个案情况加以妥善解决。

(二)有效调整规范军事行政诉讼法律关系

部门法的基本原则应当有效调整其所规范的社会关系。军事行政诉讼法律关系作为一种独特的社会关系形态,其内涵深刻影响着军事行政诉讼基本原则的制度框架构建。具体而言,这种社会关系兼具军事性与法律性的双重属性,关涉军事行政主体、军事法院、军事行政相对人等多方主体,在军事行政诉讼制度领域内,至少应有效协调以下两个方面的问题:

一是军事行政主体与相对人之间的法律关系。这一关系相较于一般行政诉讼中的法律关系显得更为复杂。在行政法律关系中,当事人的地位普遍不对等,行政机关常占据主导,而行政相对人相对弱势。然而,一旦步入行政诉讼阶段,这种地位差异发生逆转,行政机关转为被告,需承担更多举证责任,并接受更为严苛的法律监督。从这一视角审视,行政主体、行政相对人及第三人在行政行为与行政诉讼两个阶段的地位,展现出一种动态的总体平衡态势。但在军事行政诉讼领域,军事行政行为的相对人与军事行政主体之间的关系,难以简单地等同于一般行政诉讼中公民与政府的关系,而更多地呈现出下级与上级之间的层级关系。因此,在设计相关法律制度时,必须充分尊重这一特殊性，既要避免行政诉讼制度的实施对军队纪律和指挥官威信造成冲击，又要正视并应对这种特殊性可能导致的诉讼平衡被破坏，以及权利救济受阻问题。

二是军事法院与诉讼参与人的关系。军事法院具有双重地位，其既是宪法和法律规定的专门法院，又是《军队政治工作条例》规定的政治机关。作为法院，军事法院是行政诉讼的裁判者，必须严格依照法律规定保持中立，确保审判活动的公正性，有效保障各方当事人充分行使诉讼权利。作为政治机关，军事法院应加强与诉讼参与人的沟通，提高审判效率，减少诉讼成本，积极引导他们正确行使诉讼权利，履行诉讼义务，及时有效解决纠纷，促进部队团结巩固。

需要注意的是，军事行政诉讼的基本原则是调整该领域法律关系的关键准则，应当贯穿军事行政诉讼制度从制定到实施的每个环节。这些原则必须具备高度的抽象性和普适性，因此，即便某条军事行政诉讼规则至关重要，若其无法贯穿制度的制定实施全程，也仅能被视为一项基本制度，而非原则。在此意义上，军事行政诉讼的基本原则应当对各项规则起到指导性作用，全面规范其制定与实施的全过程，并在规则体系尚不完善时，发挥补充和完善的功能。因此，在确立军事行政诉讼基本原则时，我们必须避免将某一特定类型的原则误认为是基本原则。例如，“被告承担主要举证责任”这一原则，在证据制度中或许占据重要地位，但它并不能全面指导军事行政诉讼的各个方面，便不能被视作军事行政诉讼的基本原则。

（三）有效克服军事行政诉讼规则局限

作为军事行政诉讼规则与价值目标的枢纽，军事行政诉讼基本原则集中体现了军事行政诉讼制度的价值要求和基本理念，顺理成章地成为我们有效克服军事行政诉讼规则局限的重要依据。任何法律规则都会因其法律制定的滞后性、法律语言的不周延性而产生局限性，不可能在技术上做到十全十美，当规则不能体现法律的价值目标时，便需要运用更加具有价值性的原则对规则进行调整与指导，从而有效避免法规政策制定过程中的疏失与局限。这就充分说明了，军事行政诉讼基本原则是相关规则的高度凝练和总结，反映了军事行政诉讼的本质内容和基本精神。这意味着，军事行政诉讼基本原则必须具有一定的模糊性和高度概括性，否则将无法与具体和详细的规则形成互补，更难发挥克服规则刚性、弥补规则漏洞的作用。

二、军事行政诉讼基本原则的体系结构

在分析基本原则时，我们需要充分理解法律制度的层次性，并在此基础上理解和认识军事行政诉讼的一般原则：法律

制度会囊括许多部门法，这些部门法又会进一步分解为若干个子部门，因此法律的一般原则也会影响到部门法，并对部门法制度产生调整。例如，法律面前人人平等的一般原则便可能直接转化为刑法的"刑法面前人人平等原则"、民法的"平等原则"，也会转化为诉讼法上的"当事人的法律地位平等原则"等。

而在部门法中，有些原则往往为各子部门所共有，如"人民法院依法独立行使审判权原则""以事实为根据、法律为准绳"等，都是诉讼法这个部门法的基本原则，它们是否会调整行政诉讼制度呢？答案是显而易见的。正因如此，在明确行政诉讼法基本原则时，学界往往将行政诉讼法的基本原则区分为与民事诉讼法、刑事诉讼法共有的一般原则和为行政诉讼法所特有的特殊原则。

再分解到军事行政诉讼制度，其基本原则应至少应包含三层结构。

第一层结构：诉讼法的基本原则。包括人民法院依法独立行使审判权原则；以事实为根据，以法律为准绳原则；当事人的法律地位平等原则；民族语言文字原则；人民检察院实行法律监督原则；当事人有权辩论原则等。

第二层结构：行政诉讼法的基本原则。包括合法性审查原则、保障起诉权利原则等。

第三层结构:军事行政诉讼的特殊原则。这也是我们重点研究讨论的问题。

三、军事行政诉讼的特殊原则

相比一般的行政诉讼,军事行政诉讼因其调整对象的特殊性而呈现出制度理念上的明显差异,集中表现为军事行政诉讼的特殊原则。

(一)国防和军事利益优先原则

国防和军事利益优先原则意味着,在军事行政诉讼中,当国防和军事利益与其他利益发生冲突时,应优先考虑对国防和军事利益的维护。这一原则应作为军事行政诉讼的首要基本原则,其主要原因在于,军事行政诉讼制度涉及多方利益权衡,其中国防和军事利益直接关乎国家安全稳定,是维护国家主权、领土完整和民族尊严的重要基石,是最重大的公共利益,当与其他利益之间出现冲突时,应当处于优先保护的重要地位。

第一,充分协调军事权与司法权的相互关系。在军事行政诉讼中,军事权与司法权的协调原则是确保军队高效运作和维护法治秩序的关键。这一原则强调在处理涉及军事行政诉讼案件时,应当合理界定军事指挥权与司法权的边界,既保障军队的纪律性和执行力，又维护司法机关对军事行政行为的监督和制约功能。

第二，有效平衡官兵权利保障与军事纪律维护的相互关系。军事行政诉讼制度在保障官兵合法权益的同时，也必须考虑到军事纪律的严肃性和必要性。这要求在诉讼过程中，既充分保护官兵的合法权益，防止滥用军事指挥权，又要确保军事纪律的执行不受不当影响。通过合理平衡官兵权利与军事纪律，既维护官兵的个人利益，又保障军队的整体利益和战斗力。

第三，战时禁止军事行政诉讼。军事行政诉讼制度仅在平时适用，在战时不开展军事行政诉讼活动。我国现行《宪法》规定了三种特殊法律状态，即战争、动员与紧急状态。而根据《刑法》第 451 条之规定，战时是国家宣布进入战争状态、部队受领作战任务或者遭敌突然袭击时。部队执行戒严任务或者处置突发性暴力事件时，以战时论。可见，刑法意义上“战时”的外延得到了明显扩充。笔者认为，考虑立法原意，军事行政诉讼的限制条件应更加宽泛，不仅在战争、紧急状态下不得运行，在执行战备任务期间也不应实施。

（二）职权主义原则

职权主义原则意味着，军事法院在审理军事行政诉讼案件的过程中，要依据职权开展军事司法活动，并基于职权要求，发挥能动作用,对可能损害国防和军事利益的案件进行相应灵活处理。这一原则实际脱胎于职权主义原则。所谓职权主义,又称干涉主义、审问主义,是指国家专门机关(如公安机关、检察机关、法院等)在诉讼程序中拥有主导权。它强调公权力机关在诉讼过程中的主动性和职权性,与当事人主义形成鲜明对比——职权主义更加注重实质真实和诉讼效率,它认为法院应当依职权查清案件事实,当事人主义则更加注重程序公正和当事人权利保障,认为诉讼应当由当事人双方通过举证、辩论等方式进行。

西方大陆法系国家在行政诉讼中一般采用职权主义模式,这具体体现在程序推进和证据制度两个方面:在程序推进上,大陆法系国家往往设置专门的行政法院,对行政纠纷进行迅速解决,行政法院的程序由法官为主导推进,而不完全受制于原被告的诉讼活动;在证据制度上,大陆法系国家的行政诉讼制度中,法院在调查事实和证据上有较为宽泛的职权,不仅可以对原被告双方的证据进行审核,更能主动对案件事实情况进行调查。而在英美法系国家,由于其传统上就采取当事人主义,行政诉讼也体现了当事人主义的要求,但即便如此,基于行政诉讼制度中公共利益的考虑,为了有效解决行政争议,法院也不可能完全受制于当事人的诉讼行为,必须采取一些特殊的诉讼手段和程序。例如,在 1977 年,英国法院就确立了所谓的

“申请司法审查”程序,体现了法院依职权原则迅速、恰当救济行政相对人利益的原则。[①]

对军事行政诉讼而言,法院更应坚持职权主义的理念。在职权主义理念下,法院可以不受当事人主张的限制,而能自行调查案件事实,以确保裁判的公正性与权威性。在职权主义模式下,法院可以针对涉及国家安全、军事秘密等敏感领域的案件,采取更为积极主动的调查取证措施,确保案件事实得以全面、准确地查清。在面对紧急情况时,军事法院亦能迅速响应、果断决策,以有效维护国防和军事利益。这种灵活性与高效性正是职权主义在军事行政诉讼中不可或缺的价值所在。

运用这一原则,有如下要点:

第一,军事行政诉讼案件的审理程序应由法院积极主导并全面掌控,确保审理进程高效有序。法院应主动推进案件调查、证据收集及庭审安排,实现对案件审理的全盘控制。

第二,在军事行政诉讼案件判决中,应特别重视对国防和军队利益的维护。在必要情况下,应优先采用确认判决,减少撤销判决可能带来的不利影响,确保国防和军队工作的连续性和稳定性。

第三,当事人诉权特别是撤诉权应得到更严格的程序限

---

① 参见王宗光:《职权主义——我国行政审判模式的必然选择》,载《政治与法律》2001 年第 4 期。

制。军事法院在审理军事行政诉讼案件的过程中,如果发现原告撤诉可能受到军事行政机关的威胁或不符合军事利益,可以不准许原告撤诉,这就充分体现了法院在行政诉讼中对公共利益的权衡,甚至不惜以此为由否定行政诉讼原告的撤诉权。

第四,军事行政诉讼应以不公开审理为原则,以公开审理为例外。除非案件涉及公共利益且不影响国防和军队安全,否则一般应不公开审理,以最大限度地保护军事秘密和国家安全。

(三)有限审查原则

有限审查原则意味着军事行政诉讼必须在审查范围、审查对象、审查结果上进行进一步自我限缩,从而进一步体现司法谦抑性,表现出对军事专业性的充分尊重。在军事行政诉讼中,有限审查原则是确保司法审查与军事活动专业性之间平衡的重要保障,这一原则并非意味着司法审查的放弃,而是要求司法机关在审查过程中充分考虑军事活动的特殊性和专业性,确保司法审查的适度性和有效性。具体而言,有限审查原则要求军事行政诉讼必须坚持严格遵守合法性审查原则,并不得行使司法变更权。

1. 只开展合法性审查

我国行政诉讼法本就以合法性审查为原则,在《行政诉讼法》制定之时,时任全国人大常委会副委员长的王汉斌就指出:“人民法院审理行政案件,是对具体行政行为是否合法进行审查,至于行政机关在法律法规规定范围内作出的具体行政行为是否适当,原则上应由行政复议处理,人民法院不能代替行政机关作出决定。”①基于这样一种立法意图,人民法院在行政诉讼中对被诉行政机关的行政行为只能进行合法性审查,对于违法行政行为,只能作出维持或撤销的裁定,不得变更,这也是当时学界认为的行政诉讼不同于民事诉讼的重大特点之一。

对军事行政诉讼而言,合法性审查原则应当更加彰显。法院的任务绝不仅仅是在两造之间寻求纠纷的解决,而需要确保军事行政行为依法进行。如前文所述,军事权力应当遵循“党委依法决策、机关依法指导、部队依法行动、官兵依法履职”的基本要求,军事行政诉讼制度的主要目的,还是要让军事活动循法而行,绝不只是维护军事行政行为相对人的权利。因此,法院在诉讼过程中应当主要就行政行为作出时的合法性进行审查,至于合理性问题,则应主要交给军事机关自我判断,换言之,在军事机关可以进行裁量的时候,应当留给军事机关足够的裁量空间,不以军事司法权代替指挥官的权力。

法院只审查军事行政行为的合法性,而不对合理性问题进

① 全国人民代表大会常务委员会办公厅编:《中华人民共和国第七届全国人民代表大会第二次会议文件汇编》,人民出版社1989年版,第112页。

行审查,有如下几点考虑:

第一,法院缺乏明确的法律规范用以衡量军事行政行为的合理性问题。合理性问题之所以存在,是因为某些行为难以运用法律加以明确规范,而只能通过法律进行相对笼统、概括的授权,赋予相应机关结合行政活动中的实际情况作出行政行为的权力。这种不明确的法律规范必然会带来司法审查的困境——法官是法律的专家,在没有明确法律依据的情况下,如何对军事行政行为中的合理性问题进行审查?

第二,法院对合理性问题的过度规制很容易对行政效能的实现产生消极影响。如果法院经常性地对军事机关行政行为的合理性问题进行规制,这些事例在我国体制下虽不能称为判例,但对军事机关而言,势必产生一种指引,甚至产生一种寒蝉效应,成为军事机关在行政活动中不得不认真考量的重要依据。可以说,法院对这些问题进行过度规制,很可能会产生消极影响,使指挥官在面对复杂情况时不敢作为,不愿作为。

第三,相比军事机关,法院并不具备行使裁量权的专门知识和经验,也缺乏进行政策选择的地位和优势。军事行政活动是一项具有专门性的知识,但法院离军事活动的具体场景太远,既不具备亲临现场、充分调查的可能,也没有权衡利弊、妥善裁量的特长,由法院进行裁量,无法发挥裁量的优势。

2. 限制和压抑司法变更权

司法变更权,就是在承认司法权与行政权分工的基础上,由司法机关代替或指示行政机关作出一个行政决定。这一制度不仅体现了司法权对行政权的干涉,甚至在一定程度上表现为司法权替代行政权进行活动。归根结底,它是在行政权无法实现其目的之时,司法机关运用与行政相似的手段,直接改变行政事务的结果,并将其付诸实施。实际是司法权代替行政权进行一定的社会管理,集中体现了在行政诉讼中司法权与行政权的相互冲突。

是否承认司法变更权,归根结底体现了司法机关监督行政行为的模式。这种监督模式总体可归纳为撤销发回模式和变更模式:前者是指司法机关撤销行政机关的行为,并将案件发回行政机关;变更模式即由法院直接作出恰当的判决,直接变更行政机关的决定。其中撤销发回模式的优点在于使行政机关有机会纠正错误,增强信心,同时减轻法院执行的负担;然而,这种模式有赖于行政机关的自觉,要么轻纵违法者,要么使当事人合法权益得不到保护,甚至使公民处于更加不利的境地。变更模式的优点则在于避免循环诉讼,既可以减少行政机关的麻烦,又可以减少行政相对人的诉累,而且更加容易平息行政纠纷;但不足之处在于,司法变更的结果最终还要行政机关执行,如果行政机关不同意变更,则会增加执行难度,且在某些情况下,如果范围不能明确,司法变更便有越俎代庖之嫌。①

就军事行政诉讼而言,由于其所处理的是军事活动的合法性问题,在司法变更问题上应当更加谨慎,其主要理由包括:

第一,就权力体系而言,军事法官行使司法变更权,有违权力分工和司法谦抑的要求。军事行政诉讼牵涉军事利益这样一个对国家而言最紧迫、最重大的利益,军事行政诉讼的目的,便必然更多地体现为对军队秩序的有效维护。而在军事领域的行政管理问题上,法律已经对指挥官处理军中事务进行了充分授权,只要指挥官没有超越法律的授权,便不应遭到法律的限制。在这个背景下,法官也需要维持尽可能多的谦抑性,对军事指挥官的行为保持更加尊重的态度,从而有效维护军事指挥官的权威,确保军队纪律的有效维持,因此只能在军事行政行为违法的情况下,才能撤销其行为,却不宜越俎代庖改变其行为。

第二,就能力而言,军事法官也不宜代替指挥官作出专业判断。就部队管理工作而言,指挥官具有更加丰富的专业知识,并在这些知识的运用过程中积累了丰富的管理经验。将军事行政交由军事机关处理,一方面能够更加高效便捷,另一方面也可以借助其专业性和丰富的经验,得到较之审判更为合理

---

① 参见江必新:《行政诉讼问题研究》,中国人民公安大学出版社 1989 年版,第 277 ~278 页。

的解决结果,从而更好地维护当事人的合法权益。相对而言,军事法官并不身处部队管理一线,一个军事指挥官在进行管理的过程中,需要考虑纷繁复杂的事项,例如,针对一名违纪的士兵,军事指挥官决定对其进行行政看管,这个处理在表面上与行政拘留无异,但可能是出于更为复杂的考虑。因为拘留无非是考察行为的性质、当事人的主观恶性等外在因素,但对一名士兵进行行政看管,可能还需要指挥官考察该名士兵的一贯表现、该名士兵所犯错误是否引发众怒,等等。这种为了达到内部管理目的而实施的活动,到底是否能够达到管理目的,自然难以由法官判断,只能更多地交由军事指挥官基于其自身经验和判断加以处理。

第四章　军事行政与军事行政行为

《解放军报》透露的方案中使用了“军事行政行为”一词，这是军事行政诉讼制度建设的理论基础。然而，“军事行政”一词将两种较为类似却又存在显著差异的权力运行模式联系起来，这种“嫁接”与混同严重影响了军事行政概念的生命力，以至于除军事法学理论研究以外，这一概念几乎无法得到应用。但在军事行政诉讼制度建设的背景下，我们不得不进一步领会这个词语的特殊运用场景，并对“军事行政”概念的演进形成更加科学合理的认识。

一、“军事行政”概念的不同用法

从表面来看，“军事行政”的构词法与“经济行政”“警察行政”“航空行政”等非常类似，似乎只是一个“部门行政法”的问题。但细细思之，“军事”和“行政”在行为模式、价值目标上都截然不同，军事行政的问题涉及这两种制度的“嫁接”，这远比我们通常所说的“部门行政法”问题更为复杂——它所涉及的具体问题到底算不算“行政”都颇值得思量。我们研究军事行政诉讼，不能将“军事行政”乃至“军事行政行为”理解为一个顺理成章的概念，而必须思考该问题的复杂性，并结合军事与法律的特征，对军事行政的概念、特征等诸多问题进行深入分析。具体而言，“军事行政”概念在不同时期有三种不同用法。

（一）“军事行政”概念的历史用法

1. 与政治工作、军事指挥并列的军事行政

在中国共产党的文献中，“军事行政”往往被用作政治工作、军事指挥的对应概念，出现“军事行政”一语的场合，必然会出现军队政治，有时会出现军事指挥（作战）。例如，周恩来在 1938 年的一篇文章中说：“在军队内部方面的政治工作，目前亟需做的是……（四）保障军事指挥员在军事行政上命令的贯彻执行……”[①]罗荣桓在 1942 年的一篇文章中讲：“政治指

① 中共中央文献编辑委员会编辑：《周恩来选集》（上卷），人民出版社 1980 年版，第 97 页。

导员决不能成为一个事务工作者,更不能代替军事行政干部的工作。要通过政治工作去加强军事行政,在不断地耐心教育中,去逐渐提高战士的政治觉悟,一直提到可能提高之程度。"[①]谭政则在 1943 年的报告中讲:"政治工作对于军事行政、军事作战的任务有保证的责任……"[②]1944 年,毛泽东、刘少奇、陈毅致电张云逸、饶漱石和赖传珠,要求加强旅团营级干部的培训,"课程可定为战术学、兵器学、筑城学、地形学、管理教育(带兵、练兵、养兵等军事行政事项)五大项,以提高干部的指挥艺术为中心"[③]。显然,基于对中国共产党文献的分析,所谓军事行政,实际就是军队政治工作、军事指挥工作以外的军事管理工作,在一些语境下,军事行政还笼统地包括了军事指挥,从而区别于党领导和掌握军队的军队政治工作。这显然是我军军事体制影响下的结果。

2. 与"军令"并列的军事行政

另一种观点则认为,"军事行政"是"军政"的全称,是军令的对称,包括军队的编制、兵役、军事负担等内容。例如,在抗战时期,国民政府军事委员会政治部编印的一本教材指

---

① 《罗荣桓军事文选》,解放军出版社 1993 年版,第 123 页。

② 本书选编组选编:《延安整风运动(资料选辑)》,中共中央党校出版社 1984 年版,第 60 页。

③ 中共中央文献研究室编:《毛泽东文集》(第 3 卷),人民出版社 1996 年版,第 203 ~204 页。

出:“军力之编成,包含至广,举凡陆海空各军队之编制,诸种军事设备之完成,及因编成军力之必要,而科以人民以兵役义务,或其他军事负担之作用悉属之。此等作用,通称军事行政,或即简言军政。”[①]还有观点认为:“通常关于军队活动时的固有军务,无论在平时或战时,乃是国家的一种非常作用,不受国家秩序的法规之下的约束,许多行政学者,不以此列入军事行政范围以内。而军队的统率权,各国均于宪法规定属于一国的元首,自属宪法上的问题,不干涉通常行政范围;至于行政法所研究的,仅是一种军政权的作用。详言之,即国家对于人民为保卫国土起见依照法规所行之种种活动,如军队之编制、军需之发征等等,这才是行政法所研究的范围。”[②]

还有一种观点同样将“军事行政”理解为“军政”,但对军事行政的范围作了进一步限定——他们将军政权限定为国家对公民的行政,军队对军人的管理、军队的编制体制则不属于军政权的范围。当时撰写行政法分论的学者普遍认

---

① 范扬:《战时军事/警察行政》,国民政府军事委员会政治部编印,第2页。(本书有两点需要说明:(1)本书的内容为军事行政、警察行政并立,是关于军事和警察的行政,而非军事警察行政。(2)本书刊印时间不详,作者范扬在该书封面署名为国民政府军事委员会政治部第三厅副厅长,第三厅设立于1938年,并于1940年撤销,推测本书刊印时间应在1938~1940年。)

② 徐禄申:《法国军事行政概论》,载《黄埔》1937年第4期。

为,军事行政法包括军事勤务(包括兵役、军人义务、军人地位、军人奖惩)、军事负担(包括军事征发、军工动员)、军事教育、国防要塞等内容。军令权作为军队之统率权,涉及兵力的运用,应以活跃迅捷为主,不论平时战时,都是国家的非常作用,不得以行政法规拘束之。至于军政部分,则属于军事行政的范畴。"(军政权)非直接运用兵力之作用,而为养成及维持兵力之作用,或以供给军队组织人员为目的,或以供给军队必需财物为目的,或以提高军事智识为目的,即军事勤务,军事负担、军事教育等军事行政……"①管欧等人亦持此论。② 这实际就把军政权的概念偷换掉了,使其变成了国家关于军事的行政,而非军政权原有的含义,也就是养兵、练兵。

此时需要注意的是,尽管当时的学界和实务界在军政的具体内容的认识上存在一定差异,但一个通说认识是:军令权不受行政法之约束,而军政权受到法律之约束。

3. 基于行政概念衍生的军事行政

中华人民共和国成立之后,我国学界便直接结合行政的概念对军事行政进行界定。此时,军事行政也有两种含义:(1)狭义的军事行政,也就是军事机关及其工作人员对武装力

---

① 赵琛:《行政法各论》,上海法学编译社 1937 年版,第 301 页。

② 参见管欧:《行政法各论》,商务印书馆 1936 年版,第 293 页。

量内部进行的行政和组织管理活动。[①] (2)广义的军事行政,也就是包括国家行政机关和军事行政机关及其工作人员为完成国家赋予的国防和武装力量建设任务进行的行政活动。[②]一些学者也将国家行政机关进行的与军事有关的行政活动称作"国防行政"。[③]

需要注意的是,还有一些学者参考了军令权、军政权的划分,认为我国的军事权可分为军事指挥权和军事行政权,其中军事指挥权亦称军令权或军事统率权,是运用兵力之权;军事行政权亦称军政权,或称军事行政管理权,主要是维护和加强国防和军队领域中的军事管理。[④] 这个提法与前述论述有一定共通之处,但可能与我国军事制度实际存在一定背离——我军一直没有进行军政、军令的划分,虽然2015年国防和军队改革设计了"军委管总、战区主战、军种主建"的体制机制,包含了军政、军令相区别的含义,但实际上也没有直接使用"军政""军令"的概念。

---

① 参见陈学会主编:《军事法学》,解放军出版社1995年版,第389页。

② 参见方宁、许江瑞、姜秀元编著:《军事法制教程》,军事科学出版社1999年版,第74页。

③ 参见田思源、王凌:《国防行政法与军事行政法》,清华大学出版社2008年版,第10~11页。

④ 参见钱寿根、王继、仰礼才主编:《军事行政法学》,国防大学出版社2012年版,第9页。

（二）“军事行政”概念的解析

中华人民共和国成立之前的军事行政概念实际基于军事制度产生，而非基于法律制度的考虑。将军事上的概念用于行政领域，却没有充分考虑二者的差异，从而产生了显著的冲突：

一方面，中国共产党的军事制度无论在哪个时期都并不严格区分军政权与军令权，所以，军事行政概念的出现，往往与政治工作概念相伴而生，其作用只是将军事工作区别于政治工作，所以在党的文献中缺乏对军事行政概念的定义。沿用这一概念，无疑存在过分宽泛的问题。

另一方面，国民党的军事制度借鉴自欧美国家和日本，从辛亥革命之后便对军政权与军令权进行明确划分，其目的和意义在于军事活动的优化，而不涉及此类行为是否受法律约束的问题，它在军事管理中有极为重要的价值，但在军事行政中明显缺乏意义。实际上，军令是用兵，军政是练兵，二者都是军事活动，并无运行规则上的截然区分。练兵无非是平时的用兵，用兵是战时的练兵，在练兵过程中亦应培养军人服从命令的习惯，自然不可能用法律规范对练兵中的一切行为进行约束，而在用兵过程中也不可能完全抛开法律任意行动。军政权必须依法运行、军令权难以受到法律控制的观点缺乏现实依据。

我国长期没有对军政权和军令权进行划分，因此我国当前关于军事行政概念的界定也没有受到军政权概念的影响。但遗憾的是,关于军事行政的研究,既没有脱离军事法学研究的通病(在一般法律概念上冠之以军事的简单套路),也没有脱离部门行政法的通病(在行政法上冠以该部门名称的简单套路),[①]可以说,这种做法既没有在军事领域体现行政的独特性,也没有在行政领域体现军事的独特性。因此,我们目前所使用的军事行政概念,与其说是一个割裂了以往研究成果的新概念,不如说是一种水土不服的"嫁接"。

(三)"军事行政"概念的重构

关于"军事行政"概念的定义已经纷繁复杂,但我们仍然可以继续从军事、行政各自概念出发,对军事行政进行新的定义。然而,这种定义缺乏实际意义,它不过是在已有的各类提法中增加一个新说法罢了。笔者认为,重构这个概念,我们首先要考虑为什么需要这个概念。换言之,"军事行政"作为一个法学概念,应当满足何种要求?

笔者认为,作为一个法学概念,行政法意义上"行政"的意

---

① 朱新力教授认为,当前学界"研究某一部门的行政法问题,无非是形式上冠以该部门的名称,如'工商行政法'、'卫生行政法'等,其实质内容仍然是照搬行政法学总论的基本框架,从而忽视了对不同行政领域独特法律问题的分析和论述"。朱新力、唐明良:《行政法总论与各论的"分"与"合"》,载《当代法学》2011 年第 1 期。

义应当主要在于规划行政法调整的社会关系的边界。正因如此，行政学意义上的行政可以是一种广义的行政，它是指组织的执行管理职能，既包括私行政（企业等主体进行的内部行政），也包括公行政（又可分作国家机关进行的国家行政和由公共组织实施的非国家行政）。但考虑到行政法调整对象的特殊性，行政法意义上的行政并不包括私行政，一般只涵盖国家行政机关执行国家法律、管理国家内政外交事务的行为。[①]之所以有这种区别，是因为学科建设的需要——如果行政概念过于宽泛，将涵盖很多法律实际并不调整的活动，使这个概念在法学意义上缺乏意义，因此行政学意义的概念可以是宽泛的，但行政法意义上的概念只包括法律所能调整的行政。基于同样的道理，在军事行政学的意义上，我们可以根据需要，将"军事行政"的概念无限扩大化，但在军事行政法学视野下，无限扩大"军事行政"的概念便没有任何价值了。作为军事法学概念的"军事行政"，必须是可以为法律所调整规范的管理活动，这也是我们厘清军事行政概念，锚定军事行政法研究范围的关键所在。

为法律所调整同样引发了我们在塑造军事行政诉讼制度之时的主要困扰。主要问题在于：军事活动与行政活动不同，

---

① 参见姜明安主编：《行政法与行政诉讼法》（第4版），北京大学出版社、高等教育出版社2011年版，第6页。

它往往不能为法律所明确约束。这种认识在分权理论形成之初即有明确阐述——洛克在撰写《政府论》时，就将“战争与和平、联合与联盟以及同国外的一切人士和社会进行一切事务的权力”称作“对外权”，其主要内容便是“军事权”与“外交权”。在洛克看来，这种权力与行政权相互联系，却又存在较为明显的区别，其中重要的一点区别便是对外权“远不能为早先规定的、经常有效的明文法所指导，所以有必要由掌握这种权力的人们以他们的深谋远虑，为了公共福利来行使这种权力”①。

军事权难以为明文法所指导的判断到现在仍然是准确的：一方面，所谓“兵者，诡道也”，战争形势瞬息万变，以打赢战争为目的的军事活动自然不能被条条框框严格拘束；另一方面，军人以服从命令为天职，法律亦承认命令对于军人的极大拘束力。这就使军事行政的概念在法律上难以自洽——如果是法律意义上的“行政”，自应有所限制和拘束，但前置“军事”的定语使这种限制和拘束变得诡谲难明、难以措置。军事行政概念重构的意图在于明确法律所能约束的军事活动。重构这类概念，需要对军事活动进行有效的类别区分。正因如此，笔者认为，所谓军事行政，是受到法律规范调整的，由军事行政主体实施的产生行政法上效果的行为。

① [英]洛克：《政府论》(下篇)，叶启芳、瞿菊农译，商务印书馆1996年版，第90页。

这一概念有如下几点含义：

第一，军事行政主体实施。这就首先排除了军队党组织依据党内法规作出的行为、军事司法机关依据《刑事诉讼法》等规定作出的行为。这里要注意两个问题：(1)尽管军队党组织根据党章和军队党内法规决定军队重大事项，但不能因此认为其具有军事主体资格，这与地方党委不能成为行政主体的逻辑是一致的。[①] (2)政治机关在特定情况下可以成为军事行政主体。《军队政治工作条例》明确规定了政治机关的范围，其中，中央军委政治工作部、纪律检查委员会监察委员会(机关部门)、政法委员会是中央军委的政治机关。[②] 战区、军兵种、部队等的相应部门也是政治机关。这些政治机关是否能够成为军事行政主体？笔者认为，这一问题不能一概而论，政治机关在多数情况下不行使行政职权，因此不是行政主体，但在一些特定情况下仍然可能产生行政权，如政治工作部门批准军人婚姻的行为、政法工作部门管理军队律师资格证书的行为，都可能产生对相对人合法权益的重大影响，这种情况下，政治机关同样可能是军事行政主体，实施军事行政行为。

---

① 参见肖孟奎：《军事行政诉讼制度构建法理探析》，法律出版社 2017 年版，第 65 ~ 68 页。

② 参见《开创新时代军队政治工作新局面——中央军委政治工作部领导就〈军队政治工作条例〉答记者问》，载《解放军报》2021 年 2 月 20 日，第 1 版。

第二,产生行政法上的效力。这种效力分为两类,一类是因单方命令和管理而产生的强制效力,另一类则是行政指导、行政奖励、行政合同等非强制性行政行为产生的效力。尽管在军事行政领域,后者发生的情形较少,但也不应忽视这类行为的客观存在并将发挥的重要作用。

第三,受到法律规范调整。尽管在法治的语境下,一切活动皆应依法进行,但军事领域仍有大量行为是难以通过法律调整的,如上级命令下级在某时某刻机动至某地的命令行为,便很难用法律判断其是否恰当,甚至在这类问题上是否存在合法性问题都值得仔细考量,这类行为也不应完全纳入法律的调整范畴。

二、军事行政行为的类型

行政行为的概念本就复杂,一旦纠缠到军事,就更强化了问题的复杂性。我们可以根据这类行为形成的原因不同,将其分为基于隶属关系的命令行为和基于职务关系的管理行为。行政法意义上的行政行为,通说认为是行政主体运用行政权在实施行政管理活动中所作出的具有法律意义和法律效果的行为。[①] 军事行政行为自然不涉及行政意义上的行政权,却涉及

---

① 参见王周户主编:《行政法与行政诉讼法教程》,中国政法大学出版社 2013 年版,第 56 页。

管理活动。具体而言，在军队内部，这种行为可分为两种类型：(1)基于隶属关系的命令行为，是上级对下级、领导对部属下达命令的行为。这种命令行为的法律基础是《内务条令（试行）》关于上下级关系的规定。总的来看，它具有一种概括性、强制性，要求下级、部属必须服从上级、领导的命令，甚至在某种程度上导致违法行为的免责。(2)基于职务关系的管理行为，是执法部门实施的管理行为，这种行为的依据不是隶属关系，而是基于特定职务所产生的职权职责，例如军队律师管理部门颁发军队律师证的行为，警备司令部进行警备纠察的行为，等等。

二者有如下两方面差异：

第一，是否存在上下级隶属关系不同。第一种行为的发生实际是基于上级对下级、领导对部属的命令关系；但是第二种行为往往没有直接的上下级关系，如军队律师管理部门与某军队律师之间便可能没有直接的上下级关系，警备司令部与其纠察的军人、军车之间更没有隶属关系，警备纠察的军衔职级甚至可能低于被纠察的违法违纪人员。

第二，是否存在法律上的明确依据不同，第一种行为发生的依据是概括的指挥权，而没有法律上的直接依据；第二种行为则应当有其法律上的明确依据，如军队律师管理部门颁发军队律师证的依据是律师法和相关军事法规、军事规章，警备司令部进行警备纠察的法律依据则是《中国人民解放军警备条令》(以下简称《警备条令》)。这里需要注意的是,我们说第一种行为没有法律上的直接依据,并非说这种行为没有法律依据,因为《内务条令(试行)》第36条对这种指挥权有明确规定:"军官、士兵依行政职务和军衔,构成首长与部属、上级与下级或者同级关系……部属、下级必须服从首长、上级。同级之间应当互相尊重,密切配合,团结协作。"但法律、军事法规只是概括地规定了上下级的命令服从关系,但对基于命令服从关系产生的行为的具体内容未作规定,所以我们说这是基于概括的指挥权,而无法律上的直接依据。

三、军事行政行为的规制

前已述及,军事行政行为总体上区分为基于隶属关系的命令行为和基于职务关系的管理行为,对这些行为的规制,应当根据行为性质的差异加以处理,具体如下。

(一)基于隶属关系的命令行为的规制

基于隶属关系的命令行为,是上级对下级、领导对部属下达命令的行为,很难受到法律的约束——只要我们将下级服从上级视作军队的铁律,军队内部发生的大量行为便不可能完全处于法律的控制之下。就我国当前法律来看,在军队里,上级对下级下达违法的命令,虽然会导致一定的法律后果,但下级在接受该命令后仍应服从该命令,《内务条令(试行)》第38条明文规定:“……如果认为命令有不符合实际情况之处,可以提出建议,但在首长未改变命令时,仍须坚决执行……”这个条文并未规定下级可以违抗上级下达的违法命令,而与之相对照的是《公务员法》,该法尽管也规定了下级要服从上级,却也禁止公务员执行明显违法的决定或者命令。①

但值得我们注意的是,军事命令行为并非完全不受法律的约束。命令行为与法律之间存在两个层面关系:第一,命令行为的成立,命令的成立要求确有首长与部属、上级与下级的关系,并符合命令行为的成立要件;第二,命令行为的有效,命令的有效要求命令行为符合法律的规定。

关于这一问题,笔者试举一例:

笔者所任职的院校在学员队里实行连队化管理,一个模拟连便自行规定了基层管理规定,其中一条为:宿舍内务不达标的班,记一颗“小黑星”。累计记两颗“小黑星”的班,周末不得

---

① 《公务员法》第60条规定:“公务员执行公务时,认为上级的决定或者命令有错误的,可以向上级提出改正或者撤销该决定或者命令的意见;上级不改变该决定或者命令,或者要求立即执行的,公务员应当执行该决定或者命令,执行的后果由上级负责,公务员不承担责任;但是,公务员执行明显违法的决定或者命令的,应当依法承担相应的责任。”

安排外出。某班宿舍内务混乱,副指导员(由高年级学员骨干担任)在连务会上要求给该班记一颗"小黑星",并在周末不得安排人员外出。会后,该班班长查看连队的基层管理规定之后,找到副指导员理论,认为只记了一颗"小黑星"就不让安排人员外出的做法不符合规定,要求撤销。副指导员认识到问题,于是私下对该班班长讲:你们可以安排人员外出。该班班长遂在周日安排了一名学员外出。

这个过程实际包括三个抽象的行为:(1)副指导员在连务会上下达一项禁令,这一行为与基层管理规定不符;(2)副指导员私下撤销之前的禁令;(3)班长认为禁令已经撤销,所以没有遵守之前的禁令。

就第一个行为而言,副指导员无疑是可以下达禁令的,尽管该禁令与基层管理规定不相符,但并不影响禁令的效力问题——至于他不按照基层管理规定下达禁令是否可能产生干部考评等问题上的不利影响则是另外一个问题,并不会对行为效力产生影响。

第二个行为却存在明显问题——私下撤销之前禁令的行为涉及该行为是否成立的问题,而非是否生效的问题。命令应当采取何种方式撤销方为成立?就该事件而言,禁令在连务会上是以公开方式下达,而不是私下传达的。对其他参加连务会的干部而言,他们并不知悉这个私下传达的撤销——在他们看来，班长安排人员外出的行为与违抗命令并无差异。因此，命令的撤销应当以与发布命令同样的方式作出。

第三个行为则涉及下级如何服从命令的问题。即便下级认为命令违法，也应服从，这是《内务条令（试行）》和《刑法》所共同认可的逻辑，但下级不应服从一个不成立的命令，第一个行为并未撤销，因此班长仍然应当遵守。

总之，我们说命令行为不受法律约束，是指法律并不十分关注命令行为的有效性问题，却不意味着命令行为是否成立也不受法律约束。这个问题在古代也有相应安排——古代社会的军事同样强调军事命令是否成立的问题，例如在春秋战国时期，中央便发给地方官员、将领铜制的虎符作为调兵凭证。虎符的背面刻有铭文，分为两半，调兵遣将时需要两半勘合验真才能生效。显然，虎符制度并不关注命令是否合法，却涉及命令是否由适当的主体发出，即命令是否成立的问题。当时的法律同样不禁止拥有虎符之人下达何种命令，所以才有“信陵君窃符救赵”的故事。显然，在虎符制度下，关于军队指挥的命令仍要满足一定形式上的要求，才能确保该命令成立，从而体现为一个有法可依的问题，而非我们所假想的那样，只要是上下级关系，就必然产生命令服从的关系，并且能够任意发号施令。

(二)基于职务关系的管理行为的规制

基于职务关系的管理行为实际与地方政府的行政行为颇为类似。这种管理行为并不涉及上下级的命令关系,必然需要法律的明确规范。具体而言,应满足如下要求。

1. 主体合法

命令行为的产生基于上级与下级、领导与部属的关系,管理行为却不以上下级关系为基础。这有两种情况:(1)管理主体与被管理者之间不存在上下级关系,甚至管理主体可能在级别上低于被管理者,如警备执勤人员基于《警备条令》实施纠察行为,即便涉及级别较高的军官,亦有权采取执法行为。(2)管理主体与被管理者之间存在上下级关系,但管理主体仍有法律上的明确安排和特定性,例如根据《中国人民解放军纪律条令(试行)》(以下简称《纪律条令(试行)》)第224条之规定,行政看管由相应级别的上级军政主官批准,但并非任何一个上级军官就可以下达此项命令,这一规定虽然也体现了上下级关系,但实际并不完全以上下级关系为行为依据。

主体合法具体有两个层面的要求:(1)机关合法,也就是实施管理行为的军事机关必须依法设立,并且具有相应职权。(2)工作人员合法,即便作出该决定的军事行政机关具有相应职权,但具体实施该行为的工作人员必须符合相应资质要求,这里要注意的是,相应职权一般直接源于法律法规的明确规定,并不以行政职务为依据,如警备执勤人员可以实施纠察行为,但警备司令在不具备警备执勤人员身份的情况下反而不能实施该行为。

2. 依据法定

基于职务关系的管理行为应有相应法律依据,这种依据并非基于隶属关系、上下级关系而产生的概括的命令服从关系,而是基于法律上较为直接、明确的依据而产生的具体的权利义务关系。它的权限、内容和适用条件等都有明确的限制和要求,不能超越范围实施。例如《警备条令》第八章规定了"警备临时看管"制度,就明确了看管的对象、审批权限、看管时间等具体内容,警备司令部不能违反该条令规定实施看管。①

这里有一个值得关注的问题,也就是我们通常所说的法律优先与法律保留问题。法律优先有规范和实施两个层面的意义:从规范层面看,行政机关的行为应当首先由法律规定,如果

---

① 《警备条令》第 75 条规定:"警备司令部应当设置警备临时看管场所,用于看管被扣留的军人、车辆和相关物品。警备临时看管场所应当具备基本的生活条件,符合卫生要求。"第 76 条规定:"警备临时看管的管理工作由警备司令部指定的军官负责,管理人员由警备纠察分队派出。"第 77 条规定:"看管被扣留的军人由警备司令部主管首长批准,看管时间一般不超过 3 日,需要延长的,应当报军区司令机关批准,但累计时间不得超过 7 日。看管被扣留的车辆和相关物品,由警备司令部主管首长批准。"

法律规定了某种行为,那么行政立法便不能违背法律的要求与之相抵触;从实施层面看,如果出现了行政立法与法律相冲突的情形,则应遵循法律,而不应适用行政立法。法律保留意味着有些事项只能由国家法律加以规定,行政立法和地方性法规都不得规范,如《立法法》第11条列举了11项法律保留事项,包括犯罪与刑罚、剥夺政治权利、限制人身自由等。

法律优先和法律保留是一项具有宪法意义的原则,它维护了我国法律体系的统一性,同时彰显了最高权力机关在国家权力体系中至高无上的地位,是人民代表大会制度在行政法领域的生动体现。对军事行政而言,法律优先和法律保留的原则同样应当得到遵守,其精神应当在军事立法中得到积极而有效的贯彻——一方面,军事行政行为的主要依据是国家法律和相关军事立法,当军事立法超出《立法法》及其他上位法的约束,对行政行为进行规定时,即可能构成违法,不应得到适用。另一方面,如果确因军事需要作出某种行政行为,而法律又无明确规定,应尽可能修订法律,对军事立法进行授权,使其能够适应军事需求。

3. 程序合法

基于职务关系的管理行为不应包括作战指挥行为,因此通常不存在紧迫性的问题,这便提供了程序合法运作的可能性。这类行为必须符合程序正当的要求,这里有几项值得重点注意的要求：

第一，保障当事人的知情权。行政行为在作出后应当及时送达有关当事人，这不仅包括行政许可的申请人、行政处罚的被处罚人等直接相对人，还包括已知的其他与行政行为有利害关系的人。在军事行政领域，军事法规、规章通常没有对送达程序作出明确规定，但无论法规制度如何规定，行政行为作出却没有送达当事人将构成行政行为的重大瑕疵，甚至可能导致行政行为被撤销。例如在2000年的一起公报案例中，兰州市人民政府以批复形式收回了兰州常德物资开发部的一宗土地使用权并出让给第三人华欧公司，该批复一直没有送达兰州常德物资开发部，兰州常德物资开发部直到该案开庭时才得知此事，法院便认为该行为违反法定程序，撤销了原行政行为。① 送达通常有当场送达、直接送达、邮寄送达、公告送达、留置送达等方式，考虑到军事行政行为的特殊性，相对人是军内人员和单位，一般不存在难以找到相对人的情形，因此不应采取邮寄送达、公告送达的方式。笔者认为，以书面方式作出的行政决定，能够交付的通常应当当场送达；不能当场送达的，应当事后直接送达；当事人拒绝接收的，可以留置送达。

第二，保障当事人的申辩权。行政行为作出前，应当及时

---

① 参见兰州常德物资开发部不服兰州市人民政府收回土地使用权批复案，载《最高人民法院公报》2000年第4期。

告知行政人员的身份及行政决定的依据,同时保障当事人的程序权利。(1)告知身份的主要方式是出示证件,但通常而言,军事机关工作人员身份特征比较明显,是否需要告知身份,应当具体分析。在着特定服装的情况下实施军事行政行为,并不一定需要出示证件,如《警备条令》第29条区分了武装实施警备纠察和便服执行警备勤务的情形,该条第1款明确规定,警备纠察分队人员执行警备勤务时,应当戴警备纠察头盔、佩戴警备纠察臂章、扎警备纠察武装带,军官应当携带警备纠察证,警备执勤车辆应当悬挂警备纠察车辆标牌和军车号牌;第2款则规定,特殊情况下军官着便服执行警备勤务,应当主动向被检查纠察人员出示警备纠察证。可见,警备纠察证是在便服执行职务的过程中需要主动出示的,在警备纠察装备整齐的情况下则无须出示证件。但根据正当程序的基本要求,如果相对人要求,也应当出示证件,否则相对人有权拒绝接受调查或检查——这并非不尊重警备工作人员,恰恰相反,要求警备纠察及时表明身份出示证件,有助于避免冒充警备纠察的违法行为,从而维护其权威性。(2)告知当事人的程序权利。对相对人而言,在形成程序中往往具有申诉、抗辩的权利,例如《警备条令》第31条便明确规定:"任何单位或者个人对警备工作人员在行使职权中的违法违纪行为,有权向其所在单位或者上级机关检举、控告;其所在单位或者上级机关应当及时调查处理。”值得注意的是，正当程序是一种当然要求，即便法律并未对此进行明确规定，行政机关仍然需要遵守这一要求，特别是在可能损害当事人合法权益时，仍然需要谨慎而广泛地听取当事人意见。例如在2005年的一起公报案例中，江苏省高级人民法院判决认为，《行政复议法》虽然没有明确规定行政复议机关必须通知第三人参加行政复议，但根据正当程序的要求，行政机关在可能作出对他人不利的行政决定时，应当专门听取利害关系人的意见。[①] 在军事行政领域，相关法规很少对程序进行明确规定，但这不意味着无须经过这一程序。例如《纪律条令（试行）》便没有规定在行政看管之前必须进行调查、听证，但由于行政看管涉及人身自由的重大问题，所以在作出相关决定之前，也应当慎重考虑正当程序的要求，尽可能保障当事人的申辩权。

① 参见张某银诉徐州市人民政府房屋登记行政复议决定案，载《最高人民法院公报》2005年第3期。

第五章　军事行政诉讼受案范围

行政诉讼的受案范围又称行政诉讼主管，是指人民法院受理一定范围行政争议案件的权限。军事行政诉讼受案范围就是军事法院受理军事行政争议的权限范围。受案范围是行政诉讼制度的关键问题，在军事行政诉讼制度构建过程中意义深远。受案范围有多大，便意味着军事行政相对人可以在多大范围内请求军事法院受理军事行政诉讼，是军事行政相对人可以对军事行政主体提起军事行政诉讼的争议范围，是军事法院能够对军事行政行为行使司法审查权的范围，是研究军事行政诉讼制度的基础和前提，影响军事行政诉讼制度设计和建立的全过程。在前一章，我们分析、明确了“军事行政行为”的概念与类型,但这并不足以为军事行政诉讼受案范围的界定提供可靠方案,仍需结合《行政诉讼法》的规定,联系军事活动实际对受案范围问题加以细致分析。

一、军事行政诉讼受案范围概说

受案范围的确立是一个制度设计问题,需要在考察军事行政诉讼制度功能的基础上加以明确。对军事行政诉讼的受案范围界定不宜过宽或者过窄,要在能够促进军事行政主体依法行政、实现军事法院对军事行政主体的有效监督的基础上科学合理地进行。

(一)军事行政诉讼受案范围的制度功能

军事行政诉讼受案范围的明确有利于规范法院、行政机关、相对人的诉讼行为。从法院来看,它是确定人民法院与其他国家机关之间在解决行政争议案件上的分工,就行政机关而言,它是行政行为受司法监督的范围;就公民而言,它是受到行政权侵害的公民权利受司法保护的范围。

首先,要明确军事司法机关对军事行政主体行为的司法监督范围。军事行政诉讼的受案范围是军事法院受理军事行政案件、裁决军事行政纠纷、对军事行政权力进行司法监督的范围。军事行政纠纷多种多样,而军事法院的数量和人员配置数量有限,不可能将全部军事行政争议都纳入受案范围;同时,军事行政主体本身即设置了控告、申诉等自我管理程序和自我纠错机制,许多军事行政争议因此得到有效化解,从而无须纳入军事行政诉讼通过司法途径解决。

其次,要明确相对人诉权范围的依据。军事行政诉讼受案范围,是相对人分辨何种案件能够诉至法院,能够被军事法院受理并且进入司法程序的依据。受案范围的大小说明了军事行政相对人可以在多大范围内请求军事法院对自身合法权益进行司法救济,反映了法律对军事行政相对人诉权的保护程度。要从实际出发,根据客观条件的要求合理设计军事行政诉讼的受案范围,既不能因受案范围过窄,造成相对人诉权难以得到有效保障;又不能因受案范围过宽,导致军事行政相对人滥用诉权、增加司法机关负担、浪费司法资源,影响司法的权威和效率。

再次,要解决军事法院与其他军事机关之间处理行政争议的权限划分问题,明确军事行政终局裁决权的范围。军事行政诉讼是对军事行政主体的军事行政权力的司法监督,如果军事行政诉讼的受案范围界定过宽,势必会限制军事行政主体的权力行使,导致其无法进行正常的管理活动,所以过于宽泛的受案范围并不可取;相反,如果受案范围界定过窄,对军事行政权的司法审查力度太小，会给予军事行政主体过大的权力行使空间，难以保障军事行政相对人的正当权利。由于军队具有高度统一性的特点，所以更加需要细致处理好两者之间的平衡，需要对军事行政诉讼受案范围进行明确且合理的界定，使军事法院和军事行政主体在各自的权限范围内各司其职。

最后，要更好维护军队管理秩序，提高部队战斗力。军事行政诉讼的受案范围要符合军队法治建设实际情况，避免受案范围滞后或者超越军队法治建设水平给依法治军带来的消极影响，明确的军事行政诉讼受案范围将军事法院和军事行政主体各自的权限作出了清晰的划分，减少权限交叉带来的司法权与行政权的碰撞导致纠纷难结难了、拖延塞责，进而削弱军队战斗力的状况。在充分保障军事行政相对人的正当权利的同时，给予军事行政主体充足的权力行使空间，保障军队活动的正常进行，维护军队的正常管理秩序，使军队的每个组成部分都能高效有序地各司其职，共同提高部队战斗力。

（二）行政诉讼受案范围的立法模式

关于受案范围立法模式的选择，需要考虑很多因素，如法院的承受能力、审判人员的素质等，然而最重要的、具有决定意义的因素还在于保护公民权益的范围如何与监督行政机关依法行政的范围取得协调——过分限缩受案范围，势必损害行政和司法的公正性,损害相对人合法权益;过分积极,又很可能构成对行政权的过度干预,影响行政行为的效率。行政诉讼受案范围的明确方式,从世界各国的情况看主要有三种:

第一,概括式。概括式是指依法律或者判例概括地确定行政案件由法院受理的方式。这种方式一般都笼统地规定公民在其合法权益受到行政机关行政行为侵犯时,可以向法院起诉。

第二,列举式。列举式是指由不同法律明确规定哪些行政案件归法院主管的方式。这种方式是由单行法律、法规逐个列举可以向法院起诉的行政案件,因此,只有法律、法规明文规定相对人与行政机关发生行政争议时可以向法院起诉,法院才受理,否则法院不予受理。我国在《行政诉讼法》实施以前就是采用这种方式确定受案范围的。列举式的好处是明确、具体、便于操作,但弊端也显而易见,列举不够详尽,列举的标准也不够统一,交叉重复、遗漏等情况在所难免,尤其是难以将侵害公民权利的行政行为全部纳入受案范围,接受司法审查。

第三,综合式。综合式是一种综合概括式和列举式确定受案范围的方式。一般是在法律条文中先作肯定的概括,再对具体案件的类型加以肯定式列举和否定式列举。我国现行《行政诉讼法》对受案范围的规定采取的是这一方式。

（三）军事行政诉讼受案范围的影响因素

学界一般认为，我国还在法治国家建设的过程中，扩大受案范围不能做到一步到位，而是要循序渐进，逐步扩大。因此，在《行政诉讼法》制定之初，便在《关于〈中华人民共和国行政诉讼法（草案）〉的说明》中提出了受案范围的明确原则："第一，根据宪法和党的十三大精神，从保障公民、法人和其他组织的合法权益出发，适当扩大人民法院受理行政案件的范围；第二，正确处理审判权和行政权的关系，人民法院应当对行政案件依法进行审理，但不要对行政机关在法律、法规规定范围内的行政行为进行干预，不要代替行政机关行使行政权力，以保障行政机关依法有效地进行行政管理；第三，考虑我国目前的实际情况，行政法还不完备，人民法院行政审判庭还不够健全，行政诉讼法规定'民可以告官'，有观念更新问题，有不习惯、不适应的问题，也有承受力的问题，因此对受案范围现在还不宜规定太宽，而应逐步扩大，以利于行政诉讼制度的推行。"①在这个指导思想下，1989 年《行政诉讼法》对受案范围规定得比较简单，主要采取列举式。

然而，到 2014 年《行政诉讼法》大修时，对受案范围进行

---

① 全国人民代表大会常务委员会办公厅编：《中华人民共和国第七届全国人民代表大会第二次会议文件汇编》，人民出版社 1989 年版，第 111 页。

了很大程度的扩展,适应了《行政诉讼法》实施20余年来的社会发展需求。此时学界已经普遍认为,列举式的受案范围过窄,不利于保护公民权利,建议改为概括式,先概括规定行政机关的行政行为法院原则上都可以受理,再将法院不能受理的行政行为一一列举,相当于负面清单,排除法律明确规定不能受理的行政行为,其余的法院都可以受理。但实务界尤其是基层人民法院的法官认为,如果采用概括的方式规定行政诉讼的受案范围,有些案件尤其是意识形态领域还缺少法律规定,法院受理了也无法审理。同时老百姓的法律意识还不强,法律知识还较欠缺,不宜使用概括式。如果基层人民法院对受理案件没有积极性,就有可能推诿扯皮,导致很多案件实际上还是不被法院受理。因此,立法者在综合考量这两种不同观点后,最终还是采用了列举式,在《行政诉讼法》中明确列举了对公民权利有重要影响的可诉的行政行为。①

基于这一思路,我们也可以得出确定军事行政诉讼受案范围的参考因素:

第一,对军事行政诉讼涉及的各类权力关系的科学判断。军事行政诉讼制度的建设使军事指挥权、军队建设权处于可审查状态,集中体现了军事指挥权、军队建设权与军事司法权的

---

① 参见蔡小雪编撰:《行政诉讼30年:亲历者的口述》,法律出版社2019年版,第75~76页。

冲突。从司法的角度来看,军事行政诉讼的作用在于维护军中法治的实施,但司法绝非万能,军事法治诸多事项需要通过军队各级党委、各级机关的自觉实施加以实现,而并不单纯依靠司法的保障;从军事的角度来看,军事行政诉讼要更好地保障军事行动顺利进行,就必须有效维护指挥官权威,确保令行禁止。因此,军事行政诉讼必须"有所为,有所不为"——有所为意味着必须将那些可能严重影响官兵合法权益,严重阻碍依法治军的重要事项纳入司法审查范围;有所不为意味着必须以军事利益为重要考虑,军事行政诉讼的实践必须巩固军队的纪律建设,不能反过来损害指挥官的权威,进而损害战斗力的生成。

第二,对官兵权利意识、部队依法治军水平和司法资源的务实掌握。军事行政诉讼涉及三方主体——作为原告的官兵、作为被告的军事机关以及作为裁判者的军事法院。从官兵角度而言,较为宽泛的受案范围更能满足部队官兵寻求中立第三方保障自身合法权益的需求,但也容易导致诉权的滥用;从军事机关角度而言,将相当范围的军事行政行为纳入受案范围,有助于倒逼军事机关实现治军方式的"三个根本性转变",但如果受案范围过大,也可能导致部分单位疲于奔命甚至推诿卸责;从军事法院角度来看,受案范围明确了法院的工作内容,便利他们对军事行政诉讼案件进行管辖,但也要适应法院在审理行政诉讼案件中的工作能力。从地方的行政诉讼制度建设过程来看,受案范围也是逐渐拓展的,其原因并不在于立法者观念的变迁,更多地体现为对现实的适应。当然,在这个过程中,也要考虑行政诉讼制度的引导性。但我们也应当认识到,受案范围也不能过分自我约束、屈从现实,适当超前的规范有助于提升行政机关对此问题的科学认识,促进依法行政的深入开展。

(四)军事行政诉讼受案范围的立法模式

军事行政诉讼受案范围的明确原则上应采取正面列举,辅之以反面排除的立法模式。具体而言,就是采取正面列举的方式,明确军事行政诉讼受案范围,并排除此范围之外的行为。相比地方的行政诉讼受案范围,这显然是一种较为保守谨慎的制度设计,选择此种模式的理由如下:

第一,法院司法谦抑的现实要求。司法谦抑是个舶来词,在英文中是 humility deference,经常被译作"司法谦逊"或"司法谦让"或"司法尊重"等。作为司法领域中的一个普遍现象,司法谦抑强调司法机关对自身权力的自我抑制,从而避免与其他国家机关在权力上的冲突。它并不体现为一种制度,而体现为法院及其法官对其他国家机关所具有的一种谦让态度。它不具有强制性,只是司法权与其他权力之间在习惯上的一种边界,却时常为法官在司法活动中所遵守。[①] 诚如美国学者孙斯坦所言,“诉讼的背景意味着法官只考虑复杂情形中的很小部分。如果有人主张宪法规定的福利权、环境保护权、携带武器权、由于政府行为导致财产价值减少的索赔权……法官们可能不大容易了解他们所要求的任何变化可能带来的系统影响或伴生后果”[②]。在军事领域,相比作出相应军事行政行为的行政机关,司法机关不仅缺乏专业知识与经验,而且难以搜集到足够的事实,以预测某一事件所可能产生的影响与发展趋势,更加不可能有效地选择和决定政策。在这个意义上,司法机关的判断并不见得比军事机关更加高明,他们并无军事行政机关的专业技术,也很可能缺乏实际工作的知识经验,其作出的事实认定和法律判断是否会比军事机关作出的决定更加准确、科学?这就让法院在审理军事行政诉讼案件的过程中必须始终保持一种更加谨慎的态度。

第二,军事纪律维持的必然选择。军事权是影响极为重大的一种特殊权力,关乎国家安全、民族存亡,其运行高度强调令行禁止的基本逻辑。诚如司马穰苴所言,“国容不入军,军容不入国”,国家的典章制度和军事的管理规则存在显著

① 参见陈云生:《宪法监督司法化》,北京大学出版社 2004 年版,第 395 页。

② [美]凯斯·R.孙斯坦:《法律推理与政治冲突》,金朝武等译,法律出版社 2004 年版,第 213 页。

差异，在朝廷中要温文尔雅、谦逊恭敬，在军队里却要刚毅坚强、行动果决。如果把军队的礼仪法度用在朝廷内，民众的礼仪风气就会被废弛，把朝廷的礼仪法度用在军队中，军队的尚武精神就会被削弱。[①] 这种观念强调军队和地方在制度和行为方式上的差异性，二者决不能混淆。正因如此，在军事行政诉讼中，法院应当更加谦抑，更加尊重军事专业，确保军队的纪律得以有效维持，而不能起到相反的效果。法律更多体现为一种以国家制度为基础的、具有普遍性的规范体系，相比而言，军事机关在管理活动中对技术知识有更加有效的把握，并将这些专门知识在相关领域中反复运用，不断积累行政上的经验，从而更加有效地判断某项行为所可能产生的效果。正是在这个意义上，法律赋予了军事机关更多裁量权，使其能够自行决定军事领域内的诸多事项，并排除司法机关的干预。

正因如此，钱寿根教授等人认为，军事行政诉讼案件具有自身的特殊性，在军事行政诉讼制度建立之初，为了军事行政诉讼能够平稳有序地进行，确保部队的安全稳定，其受案范围宜小不宜大。当军事行政诉讼制度逐步完善之后，其受案范围

---

① “军容入国，则民德废；国容入军，则民德弱。故在国言文而语温，在朝恭以逊，修己以待人，不召不至，不问不言，难进易退，在军抗而立，在行遂而果，介者不拜，兵车不式，城不上趋，危事不齿。”——《司马法·天子之义》。

可以再行扩大。[①] 肖孟奎也认为,军事行政行为是否可诉,应由法律、法规进行明确规定,其范围必须清晰明确,而且不宜过宽,应该进行严格限定。如果任由行政相对人对自认为“违法”的所有军事行政行为提起诉讼,必将对军事机关的权威造成损害,不利于维护军队的高度集中统一和严格的组织纪律性。因此,必须严格限定受案范围,只对那些严重侵害相对人合法权益的行政争议进行受理,如此才能有效维护军事行政机关的权威和效率,由此,他主张在军事行政诉讼受案范围的设计中采取“概括式排除和肯定式列举”的立法模式,用概括性语言定义不属于军事行政诉讼受案范围的行政争议,属于军事行政诉讼受案范围的内容则应当以条、款、项方式进行明确列举。[②] 笔者完全赞同这些认识。

二、军事行政诉讼受案范围的正面列举

在军事行政诉讼受案范围问题上,我们总体上采取一种谨慎的态度,充分认识到在军队中维持特殊秩序和纪律的重要意

---

① 参见钱寿根、王继、仰礼才主编:《军事行政法学》,国防大学出版社 2012 年版,第 439 页。

② 参见肖孟奎:《军事行政诉讼制度构建法理探析》,法律出版社 2017 年版,第 130 ~ 131 页。

义，对军事行政的专业性保持充分尊重，因此主张军事行政诉讼受案范围应进一步限缩。基于这一考虑，纳入军事行政诉讼受案范围与否应当以问题的性质为基础进行判断——如果所涉问题纯系法律问题，则司法权理应进行审查；如果所涉问题应由军事机关进行事实认定和裁量，则司法权应保持充分尊重；如果所涉问题具有高度技术性，或者具有纪律维持上的特殊意义，司法权更应当保持距离，决不能超越自身能力作出判决。基于这一原则，我们结合《行政诉讼法》第 12 条第 1 款之规定，对军事行政诉讼受案范围的正面列举进行细致分析。

（一）军事行政处罚案件

行政处罚是指国家行政机关依法惩戒违反行政法律规范的行政管理相对人的行为，是一种最常见的行政诉讼案件。

1. 军事行政处罚的类型

根据《行政诉讼法》第 12 条第 1 款第 1 项之规定，对行政拘留、暂扣或者吊销许可证和执照、责令停产停业、没收违法所得、没收违法财物、罚款、警告等行政处罚不服的，人民法院应当受理。尽管《行政诉讼法》对行政处罚的类型进行了列举，但这并不意味着针对列举以外的行政处罚方式就不能提起诉讼。2021 年 1 月 22 日修订的《行政处罚法》第 2 条增设了行政处罚的概念条款，这是对旧法的重大补充。该条规定："行政处罚是指行政机关依法对违反行政管理秩序的公民、法人或者其他组织,以减损权益或者增加义务的方式予以惩戒的行为。”这一条文概括了行政处罚的几个主要特征:一是不利益性,即“减损权益或者增加义务的方式”;二是当事人行为的违法性,即“违反行政管理秩序”;三是否定性,即“惩戒”。这三重含义共同构成了行政处罚的概念内涵。如果法律和行政法规规定了符合这三重含义的行政行为,也应当认定为行政处罚,当事人可以提起行政诉讼。

军队对军人进行惩戒,其目的在于维护军纪的权威,是军事行政制度中非常特殊的一种。执纪制度的关键并不在于执纪从重,而在于纪律的公正性和不可避免性。关于执纪制度的研究,应首先对我军纪律进行细致划分,并应在不同层面进行设计。《纪律条令(试行)》明确规定了两种类型处分,可以称为“一般处分”和“特殊处分”:

第一,一般处分。《纪律条令(试行)》第六章“处分”中分别对义务兵、军士、军官规定了处分,以及在第七章“特殊措施”中针对军士规定的“留用察看”同样属于此种类型。此类处分与公务员法所规定的处分较为类似。

第二,特殊处分。《纪律条令(试行)》第七章“特殊措施”中规定了“行政看管”“暂时予以扣留”“先行照管或者治疗”,以及在发生临阵脱逃、投敌叛变和严重暴力犯罪行为且来不及报告时采取的“紧急措施”。实际上，这类措施主要涉及处分，但同时包括部分强制措施，即不具有惩戒性，只具有预防性。此外，对于军队中的党员，还可以执行《纪律处分条例》中的惩戒措施，但这种惩戒措施显然不在行政诉讼理论的讨论范畴之内。

2. 不同类型处分的差异

军纪中的这两种类型处分存在很大差异：

第一，适用对象不同。一般处分对义务兵、军士、军官、文职人员等设置不同处分，如义务兵有除名的处分，军士有“留用察看”的处分，而其他类型人员没有；特殊处分则不作区分，对任何军队人员都适用。

第二，适用情形不同。一般处分主要针对不具有现实危险性的违纪违法行为；特殊处分则主要涉及具有现实危险性和暴力性的行为。

第三，适用效果不同。一般处分主要涉及对军队人员现实表现的评价其表现、影响其荣誉、晋升、待遇；特殊处分则直接针对军队人员的人身自由甚至生命。

第四，有无影响期不同。一般处分有影响期，特殊处分则通常没有影响期。

总体而言，《纪律条令(试行)》基本是按照这个逻辑进行章节设计的。但也有个别问题——针对军士的“留用察看”显然应该是一种一般处分，其适用对象是拒不履行职责、不起骨干作用、经批评教育不改的军士，其适用效果等也不直接针对其人身，却被放到第七章“特殊措施”当中，这显然不符合“特殊措施”的制度逻辑。《警备条令》也规定了警备司令部在维护军容风纪，维护军车运行秩序和交通安全，维护军队形象和外出军人合法权益等方面的职权职责，并赋予其进行申诫罚（责令其立即纠正；批评教育，登记后放行；教育、整训后，通知其所在单位领回处理）、行为罚（扣留驾驶证和行车执照）、财产罚（扣留车辆）、自由罚（警备临时看管）的行政处罚权。这一类的处罚显然与军人身份无关，亦与职权职责无关，可归类为特殊处分。

3. 一般处分不应被纳入受案范围

基于对军事行政处罚的类型化认识，笔者认为，一般处分制度主要参照公务员处分制度，不应纳入行政诉讼受案范围，应主要采取控告、申诉的方式进行救济。

第一，与地方人事制度的相关规范相适应。当前，除党员干部的党纪处分以外，地方公务员的处分还有两种：一是根据《公务员法》实施的处分，二是根据《监察法》实施的政务处分。这两种处分都包括警告、记过、记大过、降级、撤职、开除。两种处分效力等同，互相补充。根据《公务员法》第 61 条第 2 款之规定，“对同一违纪违法行为，监察机关已经作出政务处分决定的，公务员所在机关不再给予处分”。同时，根据2018年发布的《公职人员政务处分暂行规定》第19条第2款之规定，“对公职人员的同一违法行为，监察机关已经给予政务处分的，任免机关、单位不再给予处分；任免机关、单位已经给予处分的，监察机关不再给予政务处分”。《监察法》和《公务员法》都规定了一般处分的救济手段，主要是控告、申诉。军队内部的救济也不宜完全脱离这一基本框架。

第二，内部的奖惩任免主要涉及对相关人员业绩的评价，通常具有较高的专业性和保密性，涉及的细节和背景信息往往不适合公开审理。外部监督机构可能缺乏必要的专业知识和背景信息，难以作出准确的判断。应当进一步完善内部监督机制，更加及时地发现和纠正问题，保证奖惩任免的公正性和合理性，并确保军事组织的高效运作和军事纪律的严肃性。

一般处分不纳入行政诉讼受案范围，但违法的一般处分仍然可能导致当事人利益损失，产生相应法律后果，同样应当符合行政行为合法性、合理性的基本要求。违反这种基本要求的，仍然可能产生不利的法律后果。实践中就出现过两起比较典型的案件——两起案件的起因均为转业军官不满转业安置岗位而滞留部队，根据有关规定，对无正当理由滞留部队的转业复员干部，经反复教育仍不离队报到的，要停发津贴补贴，只发基本工资作生活费。但由于财务人员工作失误，所以没有停发转业军官的津贴补贴，部队发现这一问题后，向被告提出要返还津贴补贴，被告拒不返还，部队遂提起民事诉讼，要求返还不当得利。

两起案件案情高度类似，但结果明显不同：在陕西的案件中，法院认为，尽管某军分区提交了相关文件，用以证明被告是滞留部队的转业复员干部，并被给予处分。然而被告表示其从未见过该份文件，某军分区也未举证证明将该份文件送达被告，相关存档资料也没有相关认定。[①] 法院遂以证据不足为由，认为原告诉讼理由不成立，不予采信。但在黑龙江的案件中，部队作为原告，提交了大量证据，证明对被告进行了相关处分并送达，取得了案件的主动权，并最终胜诉。[②] 两起案件的不同结果充分说明，无论是一般处分还是特殊处分，都可能严重影响当事人权利，必须用法治思维办事，严格遵守法律程序要求，不能贪图简便省事，缺省基本法律程序，必然会导致严重后果，需要引以为戒。

4. 特殊处分应被纳入受案范围

应当认识到，在地方单位，特殊处分的实质就是一种处罚。如《警备案令》规定的针对军车违纪的处罚，如果对象不

---

① 参见陕西省西安市中级人民法院民事判决书，(2021)陕01民终3447号。

② 参见黑龙江省牡丹江市西安区人民法院民事判决书，(2020)黑1005民初268号。

是军人,便会作出行政处罚。因此,有必要将这些行为纳入受案范围,而不能因其内部性便将其排除出受案范围。这里有个争议问题,也就是行政看管问题——行政看管是对军队人员实施的强制性、临时性的看守和管理,行政看管的时间一般不超过7日,需要延长的,应当报上级批准,但累计不得超过15日。关于行政看管的性质,学界主要认为是一种行政强制措施。如肖孟奎认为,行政看管应为行政强制措施,而且是军事行政强制中的即时行政强制措施。[①] 但也有学者不认为行政看管是一项军事即时行政强制措施,田思源、王凌将行政看管与军事即时强制措施并列作为军事行政强制的不同分类。[②] 笔者认为,这两种观点都值得商榷,行政看管是一种融合了行政强制措施和行政处罚的行为,且主要是行政处罚,理由如下:

第一,从目的来看,《纪律条令(试行)》第221条规定,行政看管是维护秩序、制止严重违纪行为、预防事故和案件发生或者保护被看管人的措施。如果将其理解为行政处罚,那么行政处罚的重要目标便是惩戒性,但前述目的显然包含了惩戒和

---

① 参见肖孟奎:《军事行政诉讼制度构建法理探析》,法律出版社2017年版,第116页。

② 参见田思源、王凌:《国防行政法与军事行政法》,清华大学出版社2009年版,第180页。

保护两层含义,如果出于保护被看管人的目的采取行政看管,则不能将其理解为行政处罚。如果将其理解为行政强制,则只能是为了制止违纪行为而采取此类措施,但这就意味着在违纪行为得到制止后,便应当解除该措施,例如一个持械斗殴的当事人被控制住了,此时制止违纪的举动便已经结束,但行政看管要求对其进行一定期限的关押,这便明显与制止违纪的目的相违背。

第二,从适用情形来看,《纪律条令(试行)》第 222 条规定,对有打架斗殴、聚众闹事、酗酒滋事、持械威胁他人、违抗命令、严重扰乱正常秩序等行为的人员,或者确有迹象表明可能发生逃离部队、自杀、行凶等问题的人员,可以实行行政看管。"或者"之前的情形主要是违规违纪行为,应当予以惩戒,可以理解为行政处罚的情形;"或者"之后的情形则是在违规违纪之前的预防措施,更多地体现为一种行政强制。

(二)军事行政强制案件

军事行政强制是指军事行政主体为保障军事行政管理的顺利进行,通过依法采取强制手段,迫使拒不履行军事行政法义务的军事行政相对方履行义务或达到与履行义务相同的状态;或者出于维护军队秩序或保护公民人身健康、安全的需要,对相对方的人身或财产采取紧急性、即时性强制措施的行政行为。[①] 因此,同普通行政法学理论一样,军事行政强制案件又包括军事行政强制措施和军事行政强制执行两类。

1. 军事行政强制措施案件

军事行政强制措施,是指军事机关在行政管理过程中,为制止违法行为、防止证据损毁、避免危害发生、控制危险扩大等,依法对官兵人身自由实施暂时性限制,或者对其财物实施暂时性控制的行为。区分行政强制与行政处罚的主要依据是该行为是否具有惩罚性。在地方行政法实践中,如某公司生产不符合卫生标准的食品,卫生行政部门责令其停产停业,此种做法并未导致其利益受损,因为其所生产不符合卫生标准的食品,所可能获得的是违法利益,不值得保护,而更多地体现为一种行政强制。只有在责令停产停业的同时,对其处以罚款的行为,才是行政处罚行为。在军事行政领域,典型的军事行政强制措施是《警备条令》第 22 条第 1 款第 4 项规定的,“对发现的涉嫌假冒军人、假冒军车、假冒军队单位的人员、车辆和相关物品予以扣留”。

2. 军事行政强制执行案件

军事行政强制执行,是指军事机关或者军事机关申请人民

---

① 参见肖孟奎:《军事行政诉讼制度构建法理探析》,法律出版社 2017 年版,第 113 ~ 114 页。

法院,对不履行行政决定的公民、法人或者其他组织,依法强制履行义务的行为。行政强制执行有如下特点:执行主体是行政主体和人民法院;执行内容是已生效的行政行为;执行目的是达到与履行义务相同的状态;执行条件是相对人逾期不履行生效行政行为明确的义务。显然,行政强制执行是执行已生效的行政决定,没有给行政相对人增加新的义务,因此有一种观点认为,不能对行政强制执行提起诉讼。然而,考虑到行政强制执行决定是一个独立的行政行为,有独立的程序要求,执行中可能影响到行政相对人的财产权,行政相对人对行政强制执行不服的,也可以对行政强制执行提起诉讼。[①] 例如,行政机关对相对人处以罚款的处罚,相对人对该处罚并未提出异议,也不配合履行,该处罚决定遂生效,但由于相对人不履行该决定,行政机关遂冻结了他的银行账户,这个过程虽然没有新增相对人的义务,但同样可能出现违法的问题,相对人便可能不对之前的处罚决定提出异议,而单独就行政强制执行的行为提起诉讼。在军事行政领域,几乎没有见到行政强制执行的例子。

(三)军事行政许可案件

行政许可,是指在法律一般禁止的情况下,行政主体根据

---

① 参见袁杰主编:《〈中华人民共和国行政诉讼法〉释义与案例》,中国民主法制出版社 2015 年版,第 49 页。

行政相对方的申请，经依法审查，通过颁发许可证、执照等形式，赋予或确认行政相对方从事某种活动的法律资格或法律权利的一种行政行为。《行政许可法》对行政许可的实施程序作了规定。公民、法人或者其他组织申请行政许可，行政机关拒绝或者法定期限内不予答复，公民、法人或者其他组织对行政机关作出的有关行政许可的准予、变更、延续、撤销、撤回、注销等决定不服的，可以向法院提起诉讼。在军事领域，可能涉及的行政许可问题主要是各类证件的颁发，如《中国人民解放军实施〈中华人民共和国执业医师法〉办法》便明确规定了军队医师执业证书等的管理。又如，根据军队汽车驾驶人证照、军队律师等的管理规定，军队也承担了相应的行政许可职能。

需要注意的是，在军事领域，有大量非行政许可的行政审批，如某型武器的使用，需要具备一定的资质认证；从事某项工作，需要具备一定的条件限制，如何区分这类行政审批与行政许可？笔者认为，非行政许可的行政审批与行政许可的关系，涉及的主要问题是是否具有当事人的个人利益。例如，军队律师证、军队医师执业证书等，都可能较为轻易地转化为个人利益，而武器装备使用的资质认证难以直接体现为个人利益，便不宜在这里被纳入行政许可的范畴，毕竟行政许可的授益性是行政许可的重要特征。法律设置此类审批并不以当事人利益为主要考虑，而是纯粹基于军事上的需要，既然当事人并不能在这个过程中取得足够利益，就不应将此类行为纳入行政诉讼的受案范围。

还要注意的是，在军事行政领域，有一些根据军事行政管理需要而设立的特殊许可项目，其目的是设定一定的准入条件，以满足军事行政管理的特殊要求。例如，根据2020年颁布的《军队人员婚姻管理若干规定》，现役军人申请结婚，应由相应级别的政治工作部门审批。这实际反映了一个基本问题——在通常法律中并不受到限制的结婚自由，因为军人身份受到限制，而对这种限制加以解脱，便需要设置特殊的许可程序。这一类型的行政许可，需要我们在军事行政诉讼制度建设过程中高度重视。

（四）抚恤金、最低生活保障待遇、社会保险待遇案件

认为行政机关没有依法支付抚恤金、最低生活保障待遇或者社会保险待遇的，可以向人民法院提起行政诉讼。对于此处的抚恤金，我们不应作狭义的、字面意义的理解，而应当将其理解为国家基于公民的物质帮助权而单方面给付的所有物质权益以及与物质相关的权益。在行政诉讼法制定之初，国家基于物质帮助权而进行的给付，其形式比较单一，主要就是抚恤金。随着社会的发展，社会救助制度逐渐完善，获得物质帮助成为公民的法定权利，行政给付的概念开始出现。目前，属于行政

给付制度最典型的形式是最低社会保障和法律援助。

在军事行政领域,此类案件有两种情形:(1)由军队后勤(联勤)机关财务部门根据相关规定直接作出的相关行为,《军人保险法》第45条规定:“军队后勤(联勤)机关财务部门、社会保险经办机构,有下列情形之一的……造成损失的,依法承担赔偿责任……”这里的赔偿是什么?显然,这应当是国家赔偿的一种,而与之相关的诉讼,或者为行政诉讼,或者为国家赔偿诉讼。(2)这里有一种值得注意的特殊情形,即该行为表面上并非由军队作出,但构成地方行政机关作出的相应行政行为的重要基础。例如,军人逐月领取的退役金,其标准往往由军队确定,而由地方行政机关发放,针对此种案件,当事人针对地方行政机关的行为提起行政诉讼,此时,地方法院也可以将军队单位列为行政诉讼的第三人,使其能够参与诉讼,从而彻底解决纠纷。

还要注意的是,涉及死亡抚恤问题,最高人民法院在2016年作出的《关于公务员一次性死亡抚恤金发放行为可诉性问题的答复》中明确指出,公务员一次性死亡抚恤金的发放行为(包含作为与不作为),不属于行政诉讼受案范围。在一起案件的裁定中,最高人民法院也指出,“公务员的亲属享受国家规定的抚恤属于公务员人事管理中的工资福利保险事项,系基于公务员的权利义务而产生。对于行政机关向公务员的亲属发放死亡一次性抚恤金,亦应属于行政机关作出的涉及公务员权利义务决定的内部行为范畴,由此产生的争议不属于人民法院行政诉讼的受案范围"①。但军人的死亡抚恤优待问题牵涉复杂,不仅有《军人抚恤优待条例》的明确法律依据,金额有严格规定,对象范围也更为宽泛,因此不仅是一项人事制度,更不单纯限于内部行为,将其纳入行政诉讼受案范围,接受外部监督,似乎更为妥当。

(五)其他类型行政行为

根据《行政诉讼法》第 12 条第 1 款之规定,许多其他类型的行政行为同样纳入行政诉讼受案范围,如自然资源确权案件,征收征用案件,拒绝履行法定职责案件,侵犯经营权案件,排除或者限制竞争案件,违法要求履行义务案件,行政协议案件,认为行政机关侵犯其他人身权、财产权等合法权益的案件等。其中,许多案件在军队中发生概率很低,但可能发生在军队和地方当事人之间,如征收征用案件、拒绝履行法定职责案件、行政协议案件等,一旦军事行政诉讼当事人制度发生变化,从军队人员拓展到地方当事人,便可能被纳入军事行政诉讼受案范围。至于在军事领域,如果可以将军事机关的行为界定为

① 最高人民法院行政裁定书,(2018)最高法行再 189 号。

军事行政行为，也可能将下列类型的行为纳入行政诉讼受案范围。

1. 申请军事行政机关履行保护人身权、财产权等合法权益案件

申请军事行政机关履行保护人身权、财产权等合法权益的法定职责，军事行政机关拒绝履行或者不予答复的，当事人可以提起行政诉讼。2014 年修正的《行政诉讼法》，将原条文中的"人身权、财产权"修改为"人身权、财产权等合法权益"。这里所谓的"合法权益"，主要是人身权、财产权，但也不局限于这两项权利。只要法律、法规明确规定行政机关应当积极作为去保护的权利，行政机关不作为的，公民、法人或者其他组织都可以提起诉讼。

2. 军事行政机关违法要求履行义务案件

认为行政机关违法要求履行义务的，可以提起行政诉讼，这主要是指行政机关违反法律、法规的规定，要求公民、法人或者其他组织履行某种义务的行政行为。由于军队特殊的社会形态，违法要求部属履行义务的现象比较容易出现。所谓违法要求履行义务，不是基于军队建设、军事行动的需要，而是基于个人私利的考虑。这不仅助长了不正之风，给基层官兵施加了很大的负担，也侵害了军队内部的公平公正。此类行为本身不是行政法律行为，但借用了职权，因此可理解为行政事实行为，

并纳入行政诉讼受案范围。

3. 军事行政机关侵犯其他人身权、财产权等合法权益案件

认为行政机关侵犯其他人身权、财产权等合法权益的，可以提起行政诉讼。一般认为，这是一个兜底条款，指除《行政诉讼法》第 12 条第 1 款规定的具体的 11 类案件以外，只要属于行政机关侵犯公民、法人或者其他组织人身权、财产权的行为，就在人民法院受案范围之内。对比 1989 年《行政诉讼法》第 11 条第 1 款第 8 项"认为行政机关侵犯其他人身权、财产权的"的规定，在法律修改之前，法学界由于对 1989 年《行政诉讼法》第 11 条第 1 款第 8 项的理解不同而产生两种截然不同的观点：一种观点认为，第 8 项的规定包括了所有的人身权、财产权的内容，也表示只包括人身权、财产权的内容，第 1 项到第 7 项列举中涉及的人身权、财产权以外的内容，不应属于行政诉讼的受案范围，即"相对一方人身权、财产权以外的权利，在我国是通过其他渠道，由其他法律制度予以保护，而不纳入行政诉讼制度的司法保护范围"。另一种观点认为，第 8 项的规定只有兜底的意思，只表示行政诉讼受案范围包括所有的人身权、财产权，并不表示排除第 1 项到第 7 项所包含的人身权、财产权以外的内容。因而，如果第 1 项到第 7 项的列举中涉及了人身权、财产权以外的内容，亦应属于行政诉讼的受案范围，即"前述 7 项具体行政行为，无论涉及相对人什么权益，均是可诉

的,均为行政诉讼受案范围。而前述 7 项行为以外的具体行政行为,则只有涉及人身权、财产权时方可起诉”。而经过 2014 年《行政诉讼法》的修正,争议得到解决,新法明确了不仅人身权、财产权受到保障,其他类型合法权利也应得到保障。

由于这一条文的灵活性,当行政行为类型不明或不便分类时,法院便很可能引用这一条文。例如,地方法院受理了大量涉及开除学籍处分,拒绝颁发毕业证书、学位证书的案件,这类案件有可能涉及行政许可,亦可能涉及行政处罚,但在司法实践中,法院一般没有对这种行为的性质进行界定,通常将其认定为高校行使“自主管理权”的行为。在军队,当前已经出现学员因作弊遭到院校开除,遂提起军事行政诉讼的情形,实际也是用的这一条文。

4. 法律、法规规定的其他行政案件

《行政诉讼法》第 12 条第 2 款规定:“除前款规定外,人民法院受理法律、法规规定可以提起诉讼的其他行政案件。”这一规定有两层含义:(1)承认以往已经根据法律、法规纳入受案范围的行政纠纷,即《行政诉讼法》实施以前,单行法律、法规规定相对人对除上述第 12 条第 1 款规定范围以外的行政行为可以提起行政诉讼的,则其规定仍然有效。依此规定,《行政诉讼法》实施时法律、法规规定当事人对行政机关作出的涉及人身权、财产权以外的其他权利的具体行政行为不服的,可以向人民法院起诉,人民法院应予受理。在《行政诉讼法》实施之前,原三总部于 1988 年制定颁发的《中国人民解放军医疗事故处理办法实施细则》第 12 条规定,“伤病员及其家属和医疗单位对医疗事故或事件的确认和处理有争议时,可向鉴定委员会书面提出鉴定申请……对鉴定委员会所作的鉴定结论和处理意见不服的,可在接到鉴定书之日起 15 日内向上一级鉴定委员会申请重新鉴定;或者向上一级卫生领导部门申请复议;也可以直接向中国人民解放军军事法院起诉”①。显然,这里的诉讼只可能是行政诉讼。(2)授权法律、法规对行政诉讼受案范围进行扩充。依此规定,行政诉讼的受案范围可以随着新的法律、法规的颁布而在已有基础上扩大,即突破《行政诉讼法》立法时的范围,从而适应逐步扩大人民法院受案范围的需要,这就为中央军委制定军事法规明确军事行政诉讼受案范围奠定了法律基础。

需要注意的是,部分行政行为在《行政诉讼法》中有明确规定,但对军事机关而言,并无相应职权,因此没有必要进行正面列举,如《行政诉讼法》第 12 条第 1 款第 4 项规定,当事人对行政机关作出的关于确认土地、矿藏、水流、森林、山岭、草原、荒地、滩涂、海域等自然资源的所有权或者使用权的决定不服

---

① 夏勇、周健、徐高:《军事行政法律行为研究》,法律出版社 1996 年版,第 207 页。

的,可以提起行政诉讼,但军队并无此种职权,因此在军事行政诉讼相关制度建设过程中,我们也无须对此进行列举。然而,如果今后军事机关根据法律规定享有了这一职权,则当事人可以直接根据《行政诉讼法》的明确规定提起诉讼。

三、军事行政诉讼受案范围的排除列举

《行政诉讼法》第 13 条对于某些不属于人民法院受案范围的行政案件作了明确的排除式规定,具体如下。

(一)国家行为

《行政诉讼法》第 13 条规定:“人民法院不受理公民、法人或者其他组织对下列事项提起的诉讼:(一)国防、外交等国家行为……”这里所谓的“国家行为”,是指国务院、中央军委、国防部、外交部等根据宪法和法律的授权,以国家的名义实施的有关国防和外交事务的行为,以及经宪法和法律授权的国家机关宣布紧急状态等行为。学界一般认为,国家行为是与国家的重要政策有联系的行为,是关系到国家存亡与国家统治之根本,具有高度政治性、主权性、整体性的,不涉及特定个人和组织的有关国与国之间的关系、国家安全,以及国家利益和重大公共利益的行为,具体包括战争、军事演习、与外国建交断交、

签订国际条约等行为。例如,根据《宪法》第89条第16项的规定,国务院有权决定在省、自治区、直辖市的范围内部分地区进入紧急状态,这种行为关系到国家重大利益,也属国家行为。

国家行为主要包括两类,一类是有关国防的国家行为,另一类是有关外交的国家行为。我国最高国家行政机关国务院及其所属部门如国防部、外交部等在某些情况下有权代表国家以国家的名义实施国防、外交行为。国家行为具有保密、迅速等特点,为保障行政机关有效地行使职权,更好地维护国家利益,行政诉讼法将其排除在受案范围外。这些行为并非不承担责任,而主要以政治责任的方式承担。所谓政治责任,是行政机关对权力机关承担的责任,主要通过弹劾、罢免等方式解决行政机关得失问题,但这毕竟不是法律问题,其是非对错自有特定政治机关判断,不应交由司法机关进行决断。

法律排除国防行为的可诉性,是我国军事行政诉讼制度建设的一个较大障碍。实际上,并非军队的所有行为都是国家行为。江必新教授组织编写的《中华人民共和国行政诉讼法理解适用与实务指南》指出:"国防、外交行为等国家行为不可诉,主要是指发布军事演习、实行战争总动员等行为本身不可诉……但是,军事演习结束后,如果因军事演习涉及征用土地补偿的,根据修订后的行政诉讼法第12条第1款第5项规定,对地方政府为配合军演作出的征用土地补偿决定不服的,依然属于行政诉讼受案范围。”[①]应当注意到，法律将国防、外交行为排除在行政诉讼受案范围之外，主要考虑的是这些行为的高度政治性和专业性。然而，正如并非所有涉外行为都是外交行为（如颁发护照的行为等）一样，也不是所有涉及军事的行为都能算作国防行为。在划定行政诉讼受案范围时，应当考察这一条文背后的立法意图。早期的军事法学者也认为，军事机关虽然在很多情况下代表国家处理国防事务，但不能因此认为军事机关的全部活动都是涉及国防事务的国家行为。从我军的实际情况看，军队内部不仅存在大量的行政管理行为，而且不同程度地参与国家行政管理活动，其行为并非都是以国家整体名义作出而由国家承担政治责任。目前我军存在的行政处分、行政看管、行政处罚、军内交通事故责任认定、医疗纠纷裁决等军事行政行为针对的是特定的行政相对人，涉及其人身、财产权益。[②]

因此，并非所有与军事有关的活动都不能纳入诉讼。实践中也有一些案例与之相关并产生的诉讼纠纷得到了法院的受理。例如，在昌江棋子湾琼昌旅游开发有限公司（以下简称琼

---

① 江必新主编：《中华人民共和国行政诉讼法理解适用与实务指南》，中国法制出版社2015年版，第79页。

② 参见钱寿根、王继、仰礼才主编：《军事行政法学》，国防大学出版社2012年版，第439页。

昌公司)诉昌江黎族自治县人民政府(以下简称昌江政府)案中,海军“神圣－2002”军事演习活动造成包括琼昌公司在内的昌江县境内若干单位和群众的财产损失。2003 年 1 月 7 日,昌江政府与海军榆林基地共同签署损失赔偿协议,明确昌江政府负责具体赔偿事宜,部队不与任何单位和个人发生关系。协议签订后,琼昌公司不服,向海南中级人民法院提起诉讼,请求确认该协议无效。一审法院认为该案属国防行为,遂以不属于受案范围为由,驳回了起诉。海南省高级人民法院则认为:海军“神圣－2002”军事演习活动本身属于国防行为,不属于行政诉讼范围。但是,军事演习造成当事人损失,事后的损失补偿行为不属于国防行为。本案中,昌江政府与部队就琼昌公司等单位和个人在军事演习过程中造成的损失,签订补偿协议,昌江政府的行为属于具体行政行为。①

该案中,法院将军事演习界定为国防行为,但将军事演习与补偿协议区分开来,进而采取不同策略。这实际上考虑了行政诉讼将国防外交行为排除出受案范围的本意,即国防外交行为是一种具有高度国家意志性的行为,更多地体现为一种政治决断,虽然它也很可能影响当事人重大权益,但这种影响终究是间接的,不宜由当事人提起行政诉讼。然而,军事演习造成

① 参见海南省高级人民法院行政裁定书,(2005)琼行终字第 32 号。

损失并由行政机关加以补偿的行为，归根结底是一种行政补偿，不宜排除出受案范围。

（二）抽象行政行为

抽象行政行为是行政机关针对将来要发生的，不以特定的人或者特定的事为对象的，具有普遍约束力的行为。公民、法人和其他组织对抽象行政行为不服能否向人民法院起诉，在《行政诉讼法》立法时是一个有争议的问题，在《行政诉讼法》颁布实施后也仍然有不同意见。例如，在李某启诉邳州市陈楼镇人民政府不依法履行优待金给付义务案中，原告李某启之子于 2002 年年底应征入伍，并于 2003 年被评为优秀士兵。被告邳州市陈楼镇人民政府依据邳州市人民政府的文件，以每年 900 元至 1100 元的标准，先后支付给原告 2003 年度、2004 年度优待金 2000 元。原告认为被告违反规定，擅自降低优待金发放标准，侵犯了原告的合法权益，遂向法院提起行政诉讼，要求被告支付拖欠的优待金 2738.50 元。

该案争议焦点问题在于，邳州市陈楼镇人民政府所依据的邳州市人民政府发布的规范性文件是否有效。根据《行政诉讼法》第 53 条、第 64 条之规定，公民、法人或者其他组织认为行政行为所依据的国务院部门和地方人民政府及其部门制定的规范性文件不合法，在对行政行为提起诉讼时，可以一并请求对该规范性文件进行审查。人民法院在审理行政案件中，经审查认为该规范性文件不合法的，不作为认定行政行为合法的依据，并向制定机关提出处理建议。因此，法院经审理查明：《江苏省拥军优属工作若干规定》（已失效）第 16 条规定："……农村义务兵家属优待金标准，不低于上年度当地农村人均收入的 70%……"第 13 条规定："……凡当年被评为优秀士兵的，增发义务兵家属优待金 5%……"另查：根据邳州市统计局的数据，当地农民 2003 年、2004 年人均纯收入分别为 3225.13 元、3159 元。邳州市人民政府的文件显然违背了江苏省的规定，在该案中，法院没有采纳。[①]

（三）内部行政行为

《行政诉讼法》第 13 条规定："人民法院不受理公民、法人或者其他组织对下列事项提起的诉讼……行政机关对行政机关工作人员的奖惩、任免等决定……"这一条文排除了人民法院对行政机关内部行政行为的主管。前已述及，军事行政诉讼制度应能有效应对军内社会关系的处理，而军队管理过程中的行为基本都是"内部"的，若以此为由将这些行为排除出受案范围，则军事行政诉讼制度难以实现其应有价值目标。如何在

① 参见最高人民法院中国应用法学研究所编：《人民法院案例选》2005 年第 3 辑，人民法院出版社 2006 年版，第 461 页。

遵守《行政诉讼法》的同时，又有效实现军事行政诉讼的价值目标？笔者认为，应作如下理解：

第一，应当将不纳入受案范围的“奖惩任免”严格限定为《纪律条令（试行）》第三章“奖励”、第六章“处分”规定的情形，这些奖励和处分涉及对个人业绩、履职情况和守纪情况的评判，法院不应审查。

第二，行政看管等特殊措施不属于“奖惩任免”，应纳入受案范围。理由在本章第二部分第一小部分“军事行政处罚案件”的相关论述中已有详述，此处不赘述。

第三，打骂、体罚等事实行为与“奖惩任免”没有任何关系，应纳入受案范围。对地方行政机关而言，一般较少出现打骂、体罚或者变相体罚下属的情形。但在军队中因组织机构的封闭性，仍然存在此种风险。由于打骂、体罚和变相体罚没有任何法律上的依据，只能引发一定的法律后果（如赔偿等），不能直接产生、变更或者消灭行政法律关系，是行政主体基于职权实施的一种事实行为。这类事实行为虽然发生在“内部”，看似是一种“惩罚”，却没有内部行政行为所应有的法律效果，仍应纳入行政诉讼受案范围。

总之，发生在军队内部的行为，不应完全理解为“奖惩、任免等决定”，并以此为由排除出行政诉讼受案范围，这不仅不利于对官兵合法权益的维护，也不符合军事行政诉讼制度设立的目标。同时要注意的是,军队作出的奖惩任免等内部行政行为并非没有行政诉讼以外的救济途径,例如,根据相关规定,委任制文职人员对辞职辞退决定不服的,可以提出复核,也可提出申诉甚至再申诉。这种申诉途径主要是行政性的,而非司法意义上的救济。

(四)行政机关最终裁决的行政行为

法律规定由行政机关最终裁决的行政行为,是指本属于行政诉讼受案范围而由单行法律作排除列举,明确由行政机关作最终裁决的行为。法律规定由行政机关最终裁决某些具体行政行为,或者是由于这些具体行政行为的专业性特点,或者是由于即时性要求,或者是由于作出这些具体行政行为主体的特殊性,而在立法上明确排除了人民法院对这些具体行政行为的司法审查权。

在军事行政诉讼制度领域存在的问题是,军事法规能否直接规定某类争议事项由军事机关作出最终裁决?

笔者认为,从《行政诉讼法》原意来看,这里的法律仅指全国人民代表大会及其常务委员会按立法程序制定、通过和颁布的规范性文件。之所以如此理解,是因为行政机关与司法机关各有分工,如果行政机关能够自行规定终局裁决权,从实践来看,就有可能以规定终局裁决权的方式剥夺相对人的起诉权。

2018 年最高人民法院《关于适用〈中华人民共和国行政诉讼法〉的解释》(以下简称《行诉法解释》)第 2 条第 4 款也明确规定:"行政诉讼法第十三条第四项规定的'法律规定由行政机关最终裁决的行政行为'中的'法律',是指全国人民代表大会及其常务委员会制定、通过的规范性文件。"基于同样理由,行政法规、规章、军事法规、军事规章等,都不能作出关于终局裁决权的规定。而在司法实践中,法规或者规章规定行政机关对某些事项可以作"最终裁决",公民、法人或其他组织不服行政机关依据这些法规或规章作出的"最终裁决",依法向人民法院提起诉讼的,人民法院应当受理。

值得注意的是,实践中常有一种情形,基层官兵因为发生纠纷,既不愿提起诉讼,也不愿自行和解,往往求助于上级的裁决,对此种情形应如何理解?这实际类似于行政裁决,也就是行政机关基于其职权作出的对民事纠纷的处理。关于行政裁决的必要性问题,学界目前已经基本达成一致,均认为这一制度有利于纠纷的合理解决,有必要予以保留乃至于发扬。但当出现行政裁决纠纷时,应当如何定性,并应通过何种程序对其进行审查、处理,实务界和学界都曾有过不同看法:

一种看法认为,此类纠纷属民事争议,应由人民法院民事审判庭按照民事纠纷进行处理,其理由主要包括:(1)就性质而言,行政裁决是行政机关对民事纠纷的处理,行政机关对民事纠纷的参与并未改变这些行为的性质。(2)就立法而言，我国《行政复议条例》(已失效)、《行政复议法》的相关规定印证了这一点。甚至在《行政诉讼法》将行政裁决纳入行政诉讼受案范围后，我国仍有一些学者根据行政复议的相关规定，认为行政裁决案件不应被纳入行政诉讼受案范围。这主要体现在1990年《行政复议条例》第10条第3项的规定中。此后的1999年《行政复议法》第8条第2款则规定，“不服行政机关对民事纠纷作出的调解或者其他处理，依法申请仲裁或者向人民法院提起诉讼”。这些条文如何理解？有学者认为，这意味着行政机关对民事纠纷的处理(即使像行政裁决那样具有可诉性的处理)不服的，仍通过民事途径解决。[①] “所有这些调解、仲裁或为了调解、仲裁的顺利执行而作出的某些保全措施，都不是行政机关对行政管理相对人的单方面行政处理，行政机关不是一方当事人，而是站在公正的立场上，以第三者的身份帮助民事纠纷双方当事人处理好民事纠纷。当事人在行政机关的主持下，不能达成调解协议，或者对行政机关作出的仲裁和处理决定不服不能以行政机关为被申请人向复议机关申请复议，而应该依法向人民法院的经济审判庭或民事审判庭起诉。被告也不是行政机关，而是民事案件的另一方当事人。”[②]这种

---

① 参见茅铭晨、李春燕:《行政裁决法治化研究》，载《行政论坛》2003年第3期。

② 钮涟、佘朝群、袁曙宏:《行政复议概论》，安徽人民出版社1990年版，第77、78页。

观点并不孤立。有学者认为,“这一处理决定也不同于通常的具体行政行为,而是行政机关依照民事法律法规和规则对纠纷的判断。行政机关作出处理后,也不影响当事人依照法律规定寻求民事裁决渠道”①。

早期的司法实践也支持了这一观点。譬如,在《行政诉讼法》实施之前,最高人民法院于1987年作出了《关于人民法院审理案件如何适用〈土地管理法〉第十三条〈森林法〉第十四条规定的批复》(已失效),就采取这一观点,该规定指出,“《土地管理法》第十三条、《森林法》第十四条规定当事人之间发生的土地、林木、林地所有权和使用权争议由县级以上人民政府处理,当事人对人民政府处理不服的,可以向人民法院起诉。此类案件虽经人民政府作过处理,但其性质仍属民事权益纠纷,人民法院审理此类案件仍应以原争议双方为诉讼当事人……此类案件依法起诉到人民法院的,由民事审判庭受理”。又如,就房屋拆迁补偿安置纠纷的处理,最高人民法院〔1993〕法民字第9号复函(已失效)规定:房屋拆迁主管部门或同级人民政府对此类纠纷裁决后,当事人不服向人民法院起诉的,人民法院应以民事案件受理。至1996年7月,最高人民法院又以法复〔1996〕12号批复(已失效)通知各高级法院:公民、法

① 赵威、方军、吉雅杰编著:《行政复议法起草问题及条文释解》,中国人民公安大学出版社1999年版,第194页。

人或者其他组织对人民政府或者城市房屋主管行政机关依职权作出的有关房屋拆迁、补偿、安置等问题的裁决不服，依法向人民法院提起诉讼的，人民法院应当作为行政案件受理。同时废止了〔1993〕法民字第 9 号复函。可见，具体到特定领域的行政裁决，司法机关对其态度也存在一定的不明朗。

另一种看法认为，此类纠纷经过了行政处理，如果当事人只能提起民事诉讼，则很可能出现行政裁决与民事判决并行的结果，一旦二者结果不一致，就会产生行政裁决与民事判决的效力冲突。有鉴于此，最高人民法院在 1991 年《关于贯彻执行〈中华人民共和国行政诉讼法〉若干问题的意见》中将部分行政裁决争议作为行政案件，规定对人民政府或者其主管部门有关土地、矿产、森林等资源的所有权或者使用权归属的处理决定不服的，人民法院应作为行政案件受理。而考虑到此类纠纷的特殊性，2000 年最高人民法院《关于执行〈中华人民共和国行政诉讼法〉若干问题的解释》最早规定了“一并审理”制度，并为 2014 年修正的《行政诉讼法》所采纳。

笔者赞同第二种看法，即行政裁决具有行政纠纷的属性，但从内容来看，此类纠纷实际上是经过了一次行政处理的民事纠纷。在现有体制下，要解决这一纠纷，应当将其纳入行政诉讼的受案范围，同时在行政诉讼的框架下，采民事纠纷的解决方式。

至于有学者提出的1999年《行政复议法》第8条第2款的问题，笔者认为，从这一条文并不能推理出针对行政裁决不得提起行政诉讼的结论：(1)从语词逻辑来看，所谓“依法申请仲裁或者向人民法院提起诉讼”，并不意味着这里的“诉讼”与仲裁存在同等性质，即它并不意味着这里的“诉讼”仅仅是指与商事仲裁相对应的民事诉讼。(2)从立法原意来看，根据国务院提请审议的《行政复议法》草案，不服行政机关对民事纠纷作出的调解或者其他处理的，向人民法院提起“民事诉讼”，但在最终的立法中删去了“民事”二字，显然，这也意味着针对行政裁决提起行政诉讼的可能性。(3)并非能够提起行政诉讼的案件就一定能够提起行政复议，应当认识到，行政裁决的目的是快速有效地解决与行政活动相关的民事纠纷，这意味着行政机关对民事纠纷进行第一次处理的可行性，但这并不意味着行政机关还需要对纠纷进行第二次解决，应当认识到，如果当事人不服行政机关所作的行政裁决，完全没有必要继续提起行政复议，在行政程序中纠缠。毕竟，由对民事法律并不足够专业的行政机关对民事纠纷进行第二次解决，既无效率的优势，又缺了公正的好处。

总之，行政裁决涉及两个纠纷：一是民事纠纷，也就是行政裁决当事人之间发生的纠纷；二是行政纠纷，也就是行政机关在行政裁决过程中与当事人之间发生的行政法律关系。针对前一纠纷，尽管行政机关进行初步处理可能更具效率，但司法程序更具公正性和严肃性，司法机关在民事纠纷解决的法律问题上也更具专业性，法院因此更有能力作出终局裁判；针对后一纠纷，行政机关既已作出裁决，其行为同样具有行政行为的拘束力、执行力等。

因此，问题的关键在于，一方面，行政裁决涉及行政行为效力问题，因此应当将其纳入行政诉讼审查的范围；另一方面，行政裁决所解决的纠纷在本质上仍是一种民事纠纷。因此，从行政行为的性质来看，法院本不该进行过分严格的司法变更，但从最初的民事纠纷的性质来看，法院却享有较为宽泛的裁判权，甚至可以通过公平原则等进行司法裁量。正因如此，如果人民法院无法变更行政裁决，那么对民事纠纷的处置将很有可能与行政裁决的结论直接冲突。

（五）刑事司法行为

刑事司法行为是公安机关、国家安全机关和监狱等依刑事诉讼法的明确授权实施的行为。这类行为既包括这些机关在刑事案件的立案侦查中所采取的拘传、取保候审、监视居住、拘留、逮捕等刑事强制措施，也包括在侦查过程中为搜集、取得证据而采取的诸如勘验、检查行为，搜查行为，对物证、书证的扣押行为，鉴定等行为。从理论上看，对公安机关作出的行为的性质应当很容易作出判断，相对人寻求救济似乎不会遇到困难。但在具体实践中，由于公安机关工作人员存在滥用警察权力的可能性，所以两种不同性质的行为发生交叉的现象往往不可避免。因此，正确区分公安机关行为的性质并明确相应的救济途径成了人民法院面临的一个重要问题。

军队同样有刑事司法行为，根据《刑事诉讼法》第 308 条第 1 款之规定，军队保卫部门对军队内部发生的刑事案件行使侦查权。根据这一规定，军队保卫部门对军队内部发生的刑事案件享有一般管辖权，即除军事检察院立案侦查和军事法院直接受理的军队内部发生的刑事案件外，其他军队内部发生的刑事案件都由军队保卫部门立案侦查。基于这种管辖权，军队保卫部门有权对所管辖的案件立案侦查，进行勘验、检查、搜查、扣押、实施鉴定；有权采取拘传、拘留、取保候审、监视居住等强制措施；根据军事检察院的批准或决定，或军事法院的决定，执行逮捕。然而，军队保卫部门并非单纯的公安司法机关，同时还承担其他很多职能，如果军队保卫部门以刑事司法行为为名，对并不涉嫌犯罪的人员采取刑事强制措施，同样应被纳入行政诉讼受案范围。

（六）行政指导行为

行政指导是指行政机关就其主管的行政事项采取建议、劝告、说服等非强制手段,取得行政相对人同意和协助,自觉为一定行为或者不为一定行为,从而实现行政目的的活动。① 行政指导最重要的特征就是不具有强制性,对相对人而言,他们可以选择遵守,也可以选择不遵守。2000 年《关于执行〈中华人民共和国行政诉讼法〉若干问题的解释》规定的就是"不具有强制力的行政指导行为",但这只是为了强调指导的非强制性,避免以指导之名行强制之实,不意味着存在强制性的行政指导。2018 年《行诉法解释》则将其改为"行政指导行为",主要是因为经过近 30 年的行政诉讼活动,人们对行政指导行为的性质有了明确的了解,便可以去掉"不具有强制力"这一闲言赘语。

正因行政指导具有的这一特征,关于行政指导的可诉性问题,学界一般认为,行政指导不具有强制力和约束力,如果相对人由于行政指导产生损害,也是基于自己选择的过错而产生,因此不能将行政指导纳入行政诉讼受案范围。但在实践中,客观存在一种以行政指导的名义实施,但实质上具有约束力和强制力,从而不构成行政指导的行为,行政相对人对此种行政行为可以提起行政诉讼。例如,某市市场监督管理局作出《关于禁止经营使用不合格果蜡的通知》,向辖区的各果蜡经营、使

① 参见江必新主编:《中国行政诉讼制度的完善:行政诉讼法修改问题实务研究》,法律出版社 2005 年版,第 66 页。

用单位下发,该通知列举了包含原告某公司在内的11家企业检查结果,具体指向该公司某项产品的成分,并在该通知中明确"马来松香酯不是产品的原材料,产品添加非食用物质,不符合食品安全国家标准"。原告得知后,就该通知申请行政复议,在上级市场监督管理局复议维持该通知之后,原告向人民法院提起诉讼。市场监督管理局主张,该行为系其行使监督管理职责,对辖区内经营的食品添加剂进行抽样检测,不是对产品是否合格的认定,而是对抽样检测结果进行公布,是行政指导行为,不具有可诉性。

然而,该案的一审、二审人民法院认为,2018年《行诉法解释》规定的"行政指导行为"是指行政机关对行政相对人作出的一种示范、倡导、咨询、建议、训导等不具有约束力和强制力的行为,行政相对人对该行为确定的内容享有自由选择权。该案中,市场监督管理局在检测之后公布了结果,并明确要求"相关经营单位立即停止销售不符合食品安全标准的果蜡产品,对已销售的产品应立即予以召回。同时,各洗果场不得使用不符合食品安全标准的果蜡"。该通知对某公司的权利义务产生了实质影响,可能侵犯其合法权益,属于可诉的行政行为。[①]

---

① 参见广西壮族自治区桂林市中级人民法院行政判决书,(2020)桂03行终182号。

在军事行政领域,上级行政机关更有可能以指导为名行强制之实。最常见的做法可能是以指导之名下达通知,却明确任务指标,或者将其纳入考评考核指标,使行政相对人不得不在这种“指导”下开展活动。我们认为,界定某一行为是否构成指导,关键在于这类行为是否产生了相对人不得不为的强制性。

(七)重复处理行为

重复处理行为是行政机关作出的没有改变原有行政法律关系,没有对当事人的权利义务发生新的影响的行为。这种行为通常发生在以下情形中:当事人对历史遗留问题的行政行为、对已过争讼期间的行政行为或行政机关具有终局裁决权的行为不服,向行政机关提出申诉,行政机关经过审查,维持原有的行为,驳回当事人的申诉。

军事行政领域的重复处理行为还有一种情形,即对那些并非军事行政行为,而主要体现为军事指挥行为、政治工作行为的行为提出申诉,军事机关经过审查,维持原行为并驳回申诉的情形。如前文述及,此类行为本就不属于军事行政行为,不应被法院受理,针对这些行为提起申诉,自然不可能产生诉权。

(八)对公民、法人或者其他组织权利义务不产生实际影响的行为

这类行为主要包括两类:一是内部行为,也就是处于行政系统内部、未最终形成的行为,比如一个需要经过上级机关批准却处于申请批准过程中的行为。二是准备行为,例如行政处理决定作出之前的通知行为、咨询行为、调查行为等。这些行为均依附于其后续的决定行为,本身缺乏独立性,不能单独影响公民、法人或其他组织的合法权益。然而,尽管这些行为并不能单独得到法院的受理,但如果法律对此有明确规定,仍可能成为行政行为合法性审查的重要指标,例如在最高人民法院审理的一起再审案件中,行政机关作出收回国有土地使用权的行政处罚前,有关负责人并未进行集体讨论通过,对此,最高人民法院认为,行政处罚法规定行政机关负责人集体讨论是给予较重行政处罚必须履行的法定程序,是与一般行政处罚相区分的特殊程序,旨在更好地保障行政处罚相对人的合法权益,规范行政机关的执法行为。据此,判决撤销该处罚决定,并责令被告重做。[①] 实践中,此类案件不在少数。显然,当事人不能单独就决策的过程提起诉讼,但决策过程违法本身可能影响行

---

① 参见最高人民法院行政判决书,(2019)最高法行再22号。

政行为的实体结果，更可能导致行政行为程序上的违法，对判决可能产生重大影响。

对军事行政诉讼而言，过程性行为显然也不应纳入行政诉讼受案范围，但基于前述原理，与行政行为结果相关的过程性行为，应当作为该行为合法性审查的重要参考。例如，根据《纪律条令（试行）》第 223 条之规定，行政看管的时间，一般不超过 7 日，需要延长的，应当报上级批准，但累计不得超过 15 日。第 224 条则进一步明确了实施行政看管的批准权限，如果超越权限实施行政看管，或者没有报上级批准自行延长看管时间，自然可能构成违法。然而此时，应纳入受案范围的应当是整个行政看管行为，而非行政看管行为中的一部分。

第六章　军事行政诉讼的当事人

关于军事行政诉讼的当事人问题，重点在原告制度和被告制度。根据《解放军报》的公开报道，军事行政诉讼试点方案，在试点基层法院管辖范围内，军人或军队单位认为军级以下军事机关及其工作人员的军事行政行为侵犯其合法权益的，可以依法提起诉讼。当事人不服一审裁判的，可以分别向中国人民解放军南部战区军事法院、中国人民解放军中部战区军事法院提起上诉。从公开的规范来看，军事行政诉讼的原告基本确定为军人或军事单位，被告确定为军事机关及其工作人员。针对这些规范，应在系统分析我国行政诉讼当事人制度的基础上，结合军事行政诉讼的特殊性加以理解。

一、当事人概说

当事人是直接受到纠纷和诉讼影响的人，也是我们诉讼参加人制度中最重要的内容。军事行政诉讼的当事人有其特殊之处，值得深入细致地思考和研究。

（一）当事人的范围

当事人是指因发生行政争议，以自己名义进行诉讼，并受人民法院裁判约束的公民、法人或者其他组织和行政机关。行政诉讼当事人在不同诉讼阶段有不同的称谓：在一审程序中称为原告、被告和第三人，在二审程序中称为上诉人、被上诉人和第三人，在执行程序中称为申请执行人和被申请执行人。但无论何种称谓，都表现着他们的诉讼地位和享有的诉讼权利，以及承担的诉讼义务。

参加行政诉讼的人并非只有当事人，但当事人无疑是诉讼参加人中最重要的一部分，因此，我们仅对当事人问题进行讨论。至于其他诉讼参加人，则与一般的行政诉讼制度并无差异，不作赘述，请读者自行参考其他相关著作。

（二）当事人资格

当事人能够参加行政诉讼，必须同时具备诉讼权利能力、诉讼行为能力和当事人适格三个方面的要求。

1. 诉讼权利能力

诉讼权利能力是指成为行政诉讼当事人,享有行政诉讼权利、承担行政诉讼义务所需的法律上的资格,有时也被称作“当事人能力”。同民事权利能力一样,公民从出生时起到死亡时止享有诉讼权利能力,法人自成立时起到终止时止享有诉讼权利能力。至于其他组织,则因该组织的性质而确定诉讼权利能力主体,需要注意的是,在司法实践中,可能出现自然人死亡、法人或其他组织主体分立、撤销、终止等情形,就可能产生诉讼权利义务承担的问题。

当事人的诉讼权利和诉讼义务发生承担之后,会产生两个方面的法律后果:第一,原来当事人实施的诉讼行为对于后来当事人依然有效。第二,当事人的诉讼权利义务承担之后,诉讼程序继续进行。

2. 诉讼行为能力

诉讼行为能力又称诉讼能力,是指当事人亲自实施诉讼行为,以自己的行为行使诉讼权利并承担诉讼义务所需的法律上的资格。通常认为,当事人具有完全民事行为能力便具有诉讼行为能力。诉讼行为能力这个概念关注的不是哪些人有权成为行政诉讼当事人,而是在已经成为行政诉讼当事人的人中,哪些人可以亲自实施诉讼行为,并以自己的诉讼行为承担相应的法律后果。一般而言,凡是无民事行为能力人或者限制民事行为能力人,行政诉讼法都认为他们是无诉讼行为能力人,不能亲自实施诉讼行为,而必须由其法定代理人代为实施诉讼行为。

3. 当事人适格

拥有诉讼权利能力是成为行政诉讼案件当事人的资格。每一个公民、法人或者其他组织都享有诉讼权利能力,但在一个具体的行政诉讼案件中,只有由适格的当事人进行诉讼,行政诉讼才不至于混乱无序、毫无效果地进行下去。当事人与案件判决结果要有直接利害关系,法院在处理行政诉讼案件的过程中,必须首先审查原告是否与涉案的行政行为有利害关系,是否具有诉的利益;同时要审查被告是否应当对该行政行为负责,是否需要追加第三人。当事人适格问题在行政诉讼中尤为复杂,我们在下文详述,此处不赘述。

二、军事行政诉讼原告

行政诉讼的原告是指认为行政主体及其工作人员作出的行政行为侵犯了其合法权益,依法向人民法院提起行政诉讼的公民、法人或其他组织。成为行政诉讼原告,必须具备原告资格,又称“起诉资格”,只有具备这个资格的人,才能将案件交由法院审理。诉讼法上设定起诉资格的意图在于限制那些没有"诉的利益"的"原告"进入诉讼,防止滥诉和无效诉讼,避免司法资源的浪费,以及产生对方当事人卷入诉讼从而形成不必要的诉累。对民事诉讼而言,原告资格问题虽然同样存在,但并不突出。然而在行政诉讼中,原告资格问题却非常重要。这是因为,在行政诉讼中,起诉资格不仅仅具有防止滥诉、避免司法资源浪费的意义,而且由于行政诉讼涉及公共利益和对行政行为的监督,具有决定司法审查的范围、决定监督权力的范围的意义。如果过分放宽原告资格,一旦原告滥诉,被告将不得不无端卷入诉讼,也将浪费大量司法资源,也可能挫伤行政机关的积极性,破坏行政的稳定性和连贯性;如果过分限缩原告资格,则很容易导致本应得到司法救济的权利得不到及时有效的救济,使本来不合法的行政行为得不到审查或者纠正。因此,行政诉讼原告资格的设定涉及复杂的利益权衡,需要适应公民参与行政管理活动,对行政行为进行监督和维护社会公共利益的要求。

(一)军事行政诉讼原告制度的现状

军事行政诉讼原告制度在 2017 年到 2023 年发生了一个明显变化,从原本的相对人扩大到了行政行为的利害关系人,体现了权利保障方面的显著进步。

行政诉讼的原告，是认为行政机关的行政行为侵犯了自己的合法权益，经依法定程序提起行政复议后，对复议决定仍然不服而向人民法院提起诉讼，或者依法直接向人民法院提起诉讼，请求人民法院对行政行为予以撤销或者变更的公民、法人或者其他组织。军事行政诉讼原告制度别具特色，主要是基于身份确立原告资格。在 2017 年的方案中，军事行政诉讼的原告应当是军人或者军队单位，军人是指中国人民解放军和中国人民武装警察部队的现役军（警）官、文职干部、士兵和具有军籍的学员，军队单位是指军队编制内的企业事业组织。军队中的文职人员、非现役公勤人员、正式职工和由军队管理的离退休人员等，参照军人确定管辖。[①] 这种做法表面上是以身份为基础确立原告资格，实际体现了军事行政诉讼对“利害关系”判断标准的限缩。

在这一时期，我们采取的却是更加保守的相对人主义，也就是只有军事行政行为的相对人才能提起诉讼。值得注意的是，大量军事行政行为并非只对作为相对人的军人才产生影响，例如根据《军队人员婚姻管理若干规定》，现役军人申请结婚由部队团级以上单位政治机关负责审批。倘若政治机关不允许某军人结婚，则其影响的显然不止是该军人本人，如果该

① 参见《探索建立军事行政诉讼制度，官兵权利更有保障》，载微信公众号“西部战区”2020 年 11 月 20，https://mp.weixin.qq.com/s/pPwUtXmBmAYc7xaISAZbYg。

军人并不愿意起诉,那么该军人的未婚妻(未婚夫)作为利害关系人,自然也应当可以起诉。然而,已有规范却以身份为依据阻止了地方当事人的诉权,相对人尽管受到了行政行为的严重影响,却难以通过诉讼渠道解决这一问题。

到了2023年,军事行政诉讼全面实施时,在新的方案中,原告的范围调整为军事行政行为相对人及其利害关系人,克服了与行政诉讼法规定的利害关系人主义相冲突的问题。同时要特别注意的是,地方法院在审理行政诉讼的过程中,也可能将军队机关对地方当事人作出的行政行为纳入受案范围,例如在成都市中级人民法院审理的一起涉及医疗事故纠纷的行政案件中,原告因医疗纠纷向部队的卫生管理部门提出申请,要求对承担医疗事故责任的医疗单位及其医务人员进行行政处罚,但该卫生管理部门作出"现有证据材料不足以构成对医院、科室、医疗团队以及个人进行行政处罚的依据"的回复,原告遂向人民法院提起行政诉讼。针对这种情况,法院受理了该案,认为某医院虽属部队医院,但该医院对外提供医疗服务,其在医疗诊治过程中对患者造成了医疗事故,某卫生处作为其上级卫生主管部门,对承担医疗事故责任的医疗单位及其医务人员有包括行政处罚在内的行政处理职权。因此,该回复行为对当事人的权利产生了影响,属于《行政诉讼法》第2条第2款规定的法律、法规、规章授权的组织作出的行政行为，属于可诉的行政行为，故本案属于行政诉讼审理范畴。法院最终判决被告重新作出行政行为。[①] 显然，地方人民法院在审理这些案件的过程中，是承认地方当事人行政诉讼原告资格的。

（二）军事行政诉讼原告制度的改进

关于原告制度，完全可以用三个理论工具——“诉的利益”、“规范保护理论”和“权利保护的必要性”来平衡军事利益与行政诉权的紧张关系，这些制度足以防止滥诉的发生，无须以“军队人员”这个标准进行一刀切的安排。

1. 关于军事行政诉讼原告“诉的利益”的界定

行政行为相对人是行政行为直接指向的公民、法人或其他组织，相对人认为自身权益受到行政行为的侵害时，能够提起行政诉讼，成为原告。然而，行政行为相对人并不必然能够成为原告，他同时应具备“诉的利益”。诉的利益的理论与确认诉讼的发展有关。早年的民事诉讼只有给付诉讼一种类型，但随着时代的发展，人们发现如果能够通过判决对权利或法律关系加以权威性确定，便可以遮断将来的纠纷，遂产生了确认诉讼的类型。然而，确认的对象是无限制的，为了避免类似于

---

① 参见四川省成都市中级人民法院行政判决书，(2017)川01行终887号。

“确认宠物已死亡”等无意义的诉讼,有必要在确认诉讼中设置“确认利益”之要件,并最终形成一般性的诉的利益的理念。[①] 诉的利益的产生,便是为了避免滥诉导致司法资源的浪费。

而从宪法体制的角度来看,要求原告具有“诉的利益”,还能够避免司法机关对行政权的过度干预。从这一角度出发,在行政诉讼中,当事人争议并为法院所审查的是行政机关的行政行为,司法权的行使必须尊重行政机关的“首次判断权”,不得以司法判断代替行政判断,从而过度介入行政权的行使。斯卡利亚大法官便指出,如果原告为了一部分公众的利益甚至是全部公众的利益提起诉讼,而法院针对这类纠纷进行处理,将不断卷入广泛的公共争议,并在针对公共利益的事项上制定普遍规则——这些事务本应由立法机关、行政机关处理,法院如此作为,无异于履行宪法分配给立法机关或行政机关的职权。[②] 从这个意义来看,原告资格问题便不再仅仅是一项技术上的考虑,关于这一问题的讨论,更是一项对国家体制的深刻反思。

---

① 参见梁君瑜:《祛魅与返魅:行政诉讼中权利保护必要性之理论解读及其适用》,载《南大法学》2020 年第 2 期。

② 参见江必新等:《行政诉讼法比较研究》,中国法制出版社 2019 年版,第 143 ~ 144 页。

从技术层面来看,军事领域是一个管理活动高度频密的社会生活空间,如果仅仅将受案范围作为限制滥诉的工具,显然可能将大量行政行为纳入受案范围。从国家体制层面来看,如果原告没有诉的利益便提起诉讼,势必极大拓展司法权对军事权的干预范围,将那些抽象的利益纷争变成法院处理的诉讼,从而使军事司法机关成为一个超级机关,并使其丧失所应恪守的本分。因此,对于军事行政诉讼而言,原告同样必须有诉的利益才能提起行政诉讼。这个诉的利益怎么理解?从实践来看,在行政诉讼领域,如果一个行政行为相对人缺乏值得保护的实质利益,法院可能就不受理该案。2018 年《行诉法解释》第 69 条规定:"有下列情形之一,已经立案的,应当裁定驳回起诉……(八)行政行为对其合法权益明显不产生实际影响的……"可见,如果其合法权益并未受到行政行为实际影响,即便是行政行为相对人,也不一定能够成为原告。最高人民法院《关于进一步保护和规范当事人依法行使行政诉权的若干意见》(法发〔2017〕25 号)则指出,要准确把握《行政诉讼法》第 25 条第 1 款规定的"利害关系"的法律内涵,依法审查行政机关的行政行为是否确与当事人权利义务的增减得失密切相关,当事人在诉讼中是否确实具有值得保护的实际权益,不得虚化、弱化利害关系的起诉条件。

信息公开案件的受理问题可以给我们较为充分的借鉴。

根据《政府信息公开条例》之规定，当事人申请信息公开，但行政机关不予答复的，当事人有权提起行政诉讼。但在实践中，一些当事人反复、大量提出政府信息公开申请进而提起行政诉讼，或者提起的诉讼明显没有值得保护的与其自身合法权益相关的实际利益；还有些当事人申请行政机关公开的信息已经公布或当事人已经知晓，有些当事人申请行政机关制作、搜集政府信息或对已有政府信息进行汇总、分析、加工。针对这些情况，行政机关拒绝公开、不予答复或者未作处理的，人民法院便不予受理。[①]

实践中，法院亦常以滥诉为由驳回原告之诉讼请求，这并不限于信息公开案件，如在2020年的一起案件中，法院就指出："自2018年以来，段某龙反复多次以相同或者类似理由大量申请行政复议并提起行政诉讼，其提起的行政诉讼已逾百件。段某龙的上述行为目的已非救济其受损的自身合法权益，缺乏正当性，客观上耗费了大量的行政及司法资源，案涉投诉举报行为不值得鼓励。"[②]正是为了避免当事人滥用投诉举报权利，耗费过多资源，2018年《行诉法解释》第12条进一步明确规定，只有"为维护自身合法权益"向行政机关投诉，具有处

① 参见最高人民法院《关于进一步保护和规范当事人依法行使行政诉权的若干意见》（法发〔2017〕25号）。

② 最高人民法院行政裁定书，(2020)最高法行申11894号。

理投诉职责的行政机关作出或者未作出处理的，才被视作“与行政行为有利害关系”。

此外，如果军事行政行为当事人针对军事行政行为提出了行政复议以外的控告申诉，受理控告申诉的机关并未采取相应措施，当事人仅能对军事行政行为本身提起诉讼，而对受理控告申诉机关起诉的，由于这一行为没有设定新的权利义务关系，从而不对当事人权利产生影响，不具备诉的利益。关于这一问题，我们可以参考最高人民法院在2020年作出的一例再审申诉裁定——该案中，严某某等人申请再审称，汉阳区人民政府对申请人遭受的拆迁工作人员实施的违法逼迁行为具有监督制止的法定职责，汉阳区人民政府的不履职行为侵害了申请人的合法权益，该行为具有可诉性。但最高人民法院认为，严某某等人请求汉阳区人民政府对所属工作部门的违法征迁行为进行查处，属于上级行政机关对下级行政机关的内部监督行为，汉阳区人民政府是否查处及如何查处均不直接设定新的权利义务关系。对严某某等人权利义务产生直接影响的是汉阳区征收办的具体房屋征收行为，当事人可以通过直接起诉汉阳区征收办的行政行为来维护合法权益，且严某某等人已就此以汉阳区人民政府和汉阳区征收办为被告向武汉市中级人民法院先行提起行政诉讼。在已经存在更为有效便捷的救济方式的情况下，当事人坚持起诉汉阳区人民政府不履行层级监管职责,缺乏诉的利益。[①]

最高人民法院第一巡回法庭《关于行政审判法律适用若干问题的会议纪要》(2018 年 7 月 23 日公布)也指出,仅以普通公民身份,行使宪法赋予的检举、控告权,向法定职权机关举报经营者的违法经营行为,要求予以查处,举报人就举报事项的处理情况申请政府信息公开的,通常与法定职权机关的政府信息公开答复行为或不予答复行为没有利害关系,不具有原告资格。但是,行政机关承诺举报有奖,举报人为获取奖励申请公开相关信息的除外。这里的理由同样是对权利义务不产生实际影响。该法庭进一步指出,如果只要提出政府信息公开申请,对行政机关作出的政府信息公开决定或不予答复行为不服,均具有利害关系,将会使政府信息公开案件变成全民诉讼,形成滥诉,浪费行政资源和司法资源。因此,不能仅仅以与其他公众完全相同的知情权受到侵犯为由,主张与被诉行政行为有利害关系。这些案件和法院的指导性意见,都可以成为我们在军事行政诉讼中处理控告申诉类案件的重要参考。

2. 军事行政诉讼原告应符合"保护规范理论"要求

早期的行政诉讼制度将行政诉讼原告仅限于有直接利害关系的行政行为相对人,然而,2000 年最高人民法院《关于执

---

① 参见最高人民法院行政裁定书,(2020)最高法行申 15328 号。

行〈中华人民共和国行政诉讼法〉若干问题的解释》第12条确立了“法律上利害关系”的标准：“与具体行政行为有法律上利害关系的公民、法人或者其他组织对该行为不服的，可以依法提起行政诉讼。”从而将“法律上利害关系”作为原告资格的判断标准。但这一规定在实践中也常被理解为“直接利害关系”，从而将原告资格限定为行政相对人。到2014年，《行政诉讼法》修正之后，“法律上利害关系”调整为了“有利害关系”，从而为原告范围的进一步拓宽提供了规范上的依据和可能性。

然而，如何确定利害关系？由于利害关系是一种典型的不确定法律概念，这一概念本身具有含义模糊的特性，在实践中产生了许多问题，对实务指导性明显不足的问题非常突出。例如，对行政机关所作没收不合格商品处罚决定不服的，商品的销售者、供应者、承运者、生产者、原材料提供者是否均有“利害关系”？是否均有原告资格？是否均需要证明存在某项独特的权益被处罚决定侵犯？枪杀案发生后的责任倒查中，发现多个行政机关存在行为失当或违法许可，枪杀案受害者是否均具有起诉确认行政机关行为违法的原告资格？《环境影响评价法》规定，环境影响评价是指对规划和建设项目实施后可能造成的环境影响进行分析、预测和评估等的方法与制度，那么因项目建设已被搬迁的被征收人、建设项目环境影响距离范围内的居民，以及环境影响距离之外的居民，是否均具有起诉环境影响评价行为的原告资格呢？①

在实践中，出现了大量相关案例。最高人民法院主要运用“主观诉讼”的理论和“保护规范理论”对其进行解读。前者如2015年5月的一起案件，该案中，郑州市人民政府发布公告，将“祭(zhài)城路”更名为“平安大道”，朱某义等四人就该更名行为提起行政诉讼，认为祭城作为地名已有3500多年历史，沿用至今，有很深的文化积淀，“祭城路”具有深远历史文化影响，郑州市人民政府更改路名的行为不仅违反了相关规定，也侵犯其名誉权、荣誉权、名称使用权、精神权益，影响其户籍、住址等信息的变更，请求依法责令郑州市人民政府撤销该通告并恢复原“祭城路”路名。该案经郑州市中级人民法院一审、河南省高级人民法院二审，最终由最高人民法院再审。最高人民法院最终裁定：“我们在接到朱某义等四人的再审申请书之后，对他们的再审理由进行了认真审查，虽然对他们所强调的‘历史传承、文化认同、乡愁情结、灵魂归宿’表示深刻理解，但同时也认为，在法律层面，再审申请人的再审理由难以推翻驳回起诉的原审裁判。”该院还援引了主观诉讼模式的理论，认

① 参见耿宝建：《主观公权利与原告主体资格——保护规范理论的中国式表述与运用》，载《行政法学研究》2020年第2期。

为这是主观诉讼模式之下“难以承载之重”。[①]

同时,最高人民法院又尝试运用“保护规范理论”进行解释。“保护规范理论”是德国现代公法的一项重要理论,由德国学者布勒(Otto Buehler)于1914年提出。他在主观公权利的理论之下,强调主观权利对客观法的依赖性,并将主观公权利的探求诉诸客观法规范,在他看来,个人权利来源于法的具体规范,而非自然法之下权利和自由的抽象观念。他将主观公权利的判断回溯到客观法规范,从而将那些明显不是保护个体利益的客观规则排除在主观公权利依据之外(如国家机构规范),并认为在解释客观规则时应当优先考虑立法者的主观意图。后来的学者对此进行了修正,使这一理论进一步发展,并使其保持了相对持久的生命力。[②] 其中又可分为旧保护规范说和新保护规范说——旧说认为,判断某一法规是否具有保护个人公民法益的功能时,仅单纯依据该法规的用字遣词和立法者的立法意图;新说则提升至宪法层面,着眼于客观的规范目的,就规范结构、规范范围、适用对象的特定性和其他社会因素加以判断。[③] 显然,新保护规范说对公民权利的保护更趋宽

---

① 参见最高人民法院行政裁定书,(2018)最高法行申1127号。

② 参见赵宏:《保护规范理论的历史嬗变与司法适用》,载《法学家》2019年第2期。

③ 参见吴庚:《行政争讼法论》,台北,三民书局1999年版,第112页。

泛,更加倾向于扩张解释法规的意图。日本亦产生了类似的跃迁——在其撤销诉讼中,为明确原告适格问题,形成了“受法律保护之利益说”和“值得法保护之利益说”两种学说。前者强调当事人的利益应由实体法明确规范,后者则主张当事人的利益要值得通过裁判加以保护,而无须实体法明确的要求。显然,新保护规范理论扩张了对规范的解读,形成了规范的宽泛理解,在保障权利方面更具完备性。

随着保护规范理论的引入,2017 年4 月26 日,最高人民法院在“刘某明诉张家港市人民政府行政复议案”中首次明确应用保护规范理论来判断起诉人是否具有行政诉讼原告资格,该裁定开篇即明确指出,“只有主观公权利,即公法领域权利和利益,受到行政行为影响,存在受到损害的可能性的当事人,才与行政行为具有法律上的利害关系,才形成了行政法上权利义务关系,才具有原告主体资格,才有资格提起行政诉讼”。同时认为:“保护规范理论或者说保护规范标准,将法律规范保护的权益与请求权基础相结合,具有较强的实践指导价值,即以行政机关作出行政行为时所依据的行政实体法和所适用的行政实体法律规范体系,是否要求行政机关考虑、尊重和保护原告诉请保护的权利或法律上的利益,作为判断是否存在公法上利害关系的重要标准。”从这一理论出发,如果行政机关在作出行政行为时,法律没有要求行政机关对当事人的利益加以考虑,便不具备法律上所能保护的利害关系。

这里还要注意的是,在刘某明案裁判者的论述中,保护规范理论的运用也与我国《行政诉讼法》规定的“行政行为合法性审查原则”相契合。该裁定指出:“法院对行政行为合法性的评判,除了依据行政诉讼法等行政基本法,更要依据行政机关所主管的行政实体法;在实体问题上的判断,更多是依据行政实体法律、法规、规章甚至规范性文件。如果原告诉请保护的权益,并不是行政机关做出行政行为时需要考虑和保护的法律上的权益,即使法院认可其原告主体资格,但在对行政行为合法性进行实体审查时,仍然不会将行政机关未考虑原告诉请保护权益之情形,作为认定行政行为违法的标准。”

具体到该案案情,法院进行了长篇论述,认为根据相关规定,“发展改革部门对政府投资项目的审批行为和企业投资项目的核准和备案行为,主要是从维护经济安全、合理开发利用资源、保护生态环境、优化重大布局、保障公共利益、防止出现垄断等方面,判断某一项目是否应予审批、核准或备案(以下统称项目审批行为)。考察上述一系列规定,并无任何条文要求发展改革部门必须保护或者考量项目用地范围内的土地使用权人权益保障问题,相关立法宗旨也不可能要求必须考虑类似于刘某明等个别人的土地承包经营权的保障问题”。因此,发展改革部门在作出项目审批行为时,也就无须审查项目用地范围内的征地拆迁、补偿安置等事宜，无须考虑项目用地范围内单个土地、房屋等权利人的土地使用权和房屋所有权的保护问题。既然行政机关无须对此加以考虑，那么项目建设涉及的土地使用权人或房屋所有权人与项目审批行为不具有利害关系，也不具有行政法上的权利义务关系，其以项目审批行为侵犯其土地使用权或者房屋所有权为由，申请行政复议或者提起行政诉讼，并不具有申请人或者原告主体资格。①

刘某明案体现的是哪种保护规范理论呢？笔者认为，从说理部分看，该裁定体现了新保护规范理论的精神，最终却用旧保护规范理论进行了裁判。在刘某明案中，法院指出："对行政实体法某一法条或者数个法条保护的权益范围的界定，不宜单纯以法条规定的文意为限，以免孤立、割裂地只见树木不见森林，而应坚持从整体进行判断，强调'适用一个法条，就是在运用整部法典'。在依据法条判断是否具有利害关系存有歧义时，可参酌整个行政实体法律规范体系、行政实体法的立法宗旨以及做出被诉行政行为的目的、内容和性质进行判断，以便能够承认更多的值得保护且需要保护的利益，属于法律保护的利益。"这种立场显然了体现了新保护规范理论的思想，但在审理这些案件的过程中，只是将行政机关直接依据的规范条

① 参见最高人民法院行政裁定书，(2017)最高法行申169号。

文进行考察,其依据主要是《政府核准投资项目管理办法》(已失效)第 23 条之规定,事实上仅考虑个别的具体规范,在解释时应予关注的规范整体结构并未显现。[①] 从这个意义来看,最高人民法院虽然有意引入保护规范理论,但在适用上相当谨慎。而在 2019 年的"北京联立房地产开发有限责任公司诉北京市东城区人民政府复议案"中,法院认为在适用保护规范理论时,应拓宽所须参酌法规范的范围:除行政活动的直接根据规范外,还应考虑潜在适用的规范、制裁规范、违反规范时的不利益或法律责任、立法宗旨,甚至其他权利救济途径的情形,从而实现"将法律保护的利益扩大到值得法律保护且需要法律保护的利益"。在实际的适用过程中,法院不拘泥于根据规范(行政许可规范),而是关注根据规范以外的法律后果规范(房屋租赁规范),从对当事人设定的不利后果的角度承认原告的公权。与刘某明案不同,最高人民法院在该案中摒弃了旧保护规范理论,试图重新弥合理论认知与司法适用之间的缝隙。司法实践在新旧保护规范理论之间如此跳跃表明,确定的审判基线尚未形成,如何准确适用保护规范理论仍然使法院面临考验。

最后,我们总结一下我国法院对于公权与保护规范理论的

① 参见王世杰:《保护规范理论的始源形态——布勒公权论的再认识》,载《行政法学研究》2021 年第 1 期。

理解与适用。法院裁判的说理部分主要包括以下三个方面:其一,公权的界定。公权是“公法领域的权利与利益”,是法规范要求“行政机关考虑、尊重和保护原告诉请保护的权利或法律上的利益”。其二,公权的依据。法院认为,公权的规范依据应为“行政机关作出行政行为时所依据的行政实体法和所适用的行政实体法律规范体系”,存在的形式包括“行政实体法律、法规、规章甚至规范性文件”。其三,法规范的解释方法。在解释方法上,法院尤其强调要从规范的整体结构中进行解释,特别是要“通过语义解释法、体系解释法、历史解释法、立法意图解释法和法理解释法等法律解释方法”。此后,刘某明案所确立的如上规则成为后续法院认定行政诉讼原告资格的权威基准。可以看到,在理论的铺陈方面,法院不仅将公权的外延界定为法律上的利益,而且较为宽泛地肯定公权的规范依据,并慷慨地承认不同法律解释方法在公权识别中的运用可能性。

这一理论最终也反馈到司法解释对受案范围的认定上,如根据2018年《行诉法解释》第13条之规定,“债权人以行政机关对债务人所作的行政行为损害债权实现为由提起行政诉讼的,人民法院应当告知其就民事争议提起民事诉讼,但行政机关作出行政行为时依法应予保护或者应予考虑的除外”。可见,利益是否“依法应予保护或者应予考虑”,成了行政诉讼能否将其纳入受案范围的关键因素。关于这一问题,中国行政审判指导案例第3号案例“洪某英等四人诉浙江省慈溪市人民政府土地行政登记案”作出了示范。该案中,被告浙江省慈溪市人民政府对沈某荣夫妇的土地使用权进行了变更,而原告洪某英等四人享有对沈某荣夫妇的合法债权,原告认为,被告的行为减少了沈某荣夫妇的可供执行的财产价值,又使房屋所有权存有瑕疵,导致法院难以处分该房屋。法院受理了该案,指出:涉及房地产登记的一般债权人通常不能被赋予原告主体资格,因为债权属于民事权益保护范围,行政行为并不会导致债权人债权的消失,债权的实现程度与行政行为也没有必然的联系,同时,是否存在债权也不是作出行政行为时必须考虑的因素。但是,当债权人为保护债权的实现,对债务人的财产采取了抵押、查封等措施后,其与债务人受权利限制的财产之间就建立起了一种受法律保护的特定的关系。当行政主体作出的行政行为涉及该财产时,就突破了法律规定的权利限制,该行政行为对债权人的债权产生了实际影响,此时,债权人与行政行为即有了法律上的利害关系,可以成为行政诉讼的适格原告。

基于对这些案例的研究,我国也有学者提出了我国“保护规范理论”的具体内容:(1)公法规范要件:行政诉讼中的“利害关系”是法律上的利害关系,原则上限于公法上的利害关系,除非有法律上特别规定的情形,否则没有可能向私法领域拓展。(2)法定权益要件:行政机关应当“考虑、尊重和保护”的权益必须是法定的。这种“法定”主要由制定法规定,但有时也包括不具有法属性的行政规范性文件,特殊情况下还包括行政惯例等不成文法。(3)个别保护要件:行政机关作出行政行为所依据的行政实体法要求行政机关“考虑、尊重和保护”特定的、个别的公民、法人或者其他组织的权益。[①] 笔者认为,这一论述符合当前最高人民法院通过指导案例明确的利害关系标准,反映了我国“保护规范理论”的制度实践。

“保护规范理论”在军事行政诉讼制度建设过程中同样非常重要。我们假设有这么一个案例(尽管这是一个假设的案例,但在实践中,相关问题产生的纠纷和争议十分常见):小明入伍之时,连队对小明携带的物品进行了点验,这一做法的依据是《内务条令(试行)》第十章第十节的规定。根据该规定,所谓点验,是对部队编制、实力、战备和安全状况的全面清点和检验,点验不仅要检查部队执行编制的情况、装备和物资的情况,还要对官兵个人物品进行点验,主要点验个人有无私藏公物、弹药和淫秽物品。小明认为,这一行为侵犯了他的隐私权,因此向军事法院提起行政诉讼。如果从“保护规范理论”出

① 参见章剑生:《行政诉讼原告资格中“利害关系”的判断结构》,载《中国法学》2019年第4期。

发，针对小明的物资进行的点验，是否对小明的利益产生影响，从而需要对其进行保护呢？

"保护规范理论"考察的主要是涉及此项制度的规范意图，并据以判断利益的性质，从而确定是否享有诉权。最高人民法院在2018年的一份行政裁定书中指出，"判断是否属于自己的合法权益，主要看一个法律规范的保护目的究竟是保护个别公民的利益，还是保护公共利益。如果法律规范的保护目的是个别公民的利益，或者不仅是保护公共利益，同时也是为了保护个别公民的利益，就可以承认个人利益存在。反之，如果法律规范的保护目的仅仅在于公共利益，则不能认可公民个人享有诉权"①。因此，这里主要的问题在于，《内务条令（试行）》规定点验制度的目的是什么？从制度来看，点验不是搜查，其目的在于检查编制、装备、物资、人员情况，掌握部队实力和行管、战备情况，其实施对象是部队装备、场所和干部战士。法规规定了点验制度，在设置这一制度的时候，本身就包含了对官兵隐私权一定程度的克减。换言之，军事机关作出此种行为时所依据的实体法，并未要求军事机关对这种隐私权予以类似于一般公民的考虑、尊重和保护，军人以隐私权遭到侵害为由提起诉讼，便可能超出了保护规范理论的考虑范围。然而，

① 最高人民法院行政裁定书，（2018）最高法行申2975号。

相关军事法规也对点验的实施方式和程度进行了规范，如果点验的实施超出了点验制度的具体要求（例如对官兵进行搜身），则有可能构成对个人权利的侵犯，相关行为便不能以保护规范理论为由规避审查。此类问题在实践中尚未见到诉诸司法审查的实例，但随着军事行政诉讼制度的逐步发展，此类争议仍然可能出现，需要结合具体案例进行更为谨慎的理论分析。

另一个在实务中经常被提及的问题是，很多军事行政行为不仅影响军人权利，也在很大程度上影响了军人以外的公民的权利。然而，兵者国之大事，军队只考虑国防和军事利益是合乎军事利益的，制定法往往会直接忽略对军人以外人员的考虑。所以从前文所述旧“保护规范理论”出发，我们只需考虑法规本身的意图，那么军人以外的人员的利益便很可能不被纳入军事行政活动的考虑范围；而如果以新“保护规范理论”为依据，那么便必须对法律的体系进行考察，对更为广泛的社会因素加以判断，而不能排除当事人具有诉的利益。

例如，根据《军队人员婚姻管理若干规定》，军人结婚应当经本单位政治工作部门审批，如果本单位政治工作部门不予批准，自然不仅会影响军人的权益，更会影响军人的结婚对象的权益。但如果考虑到“保护规范理论”的影响，我们便会发现，根据《军队人员婚姻管理若干规定》第 3 条的规定，“军队人员婚姻管理工作,坚持以人为本,依法依规管理,弘扬家庭美德,维护公序良俗,注重体现关心关爱,确保军队纯洁巩固”。军队对军队人员婚姻作出特殊规定,是基于军队特殊性的考虑,主要的价值目标是维护军队的纯洁巩固,达到政治审查的目的,是对政治上不可靠的人员予以排除,至于拒绝此种婚姻是否影响个人的利益,并非军队在审查此种婚姻时所考虑的(至少不是主要因素)。这一实际投射到“规范保护理论”,便使军人以外的公民很难具备与军事行政行为相关的利害关系。但这归根结底是一种旧保护规范理论的判断。我们认为,保护规范理论的运用并不能让我们陷入不食人间烟火的抽象思考,而忽略有血有肉的现实生活。上一段的推理虽然可能成立,但明显远离了我们的生活实际——婚姻自由是一项何其重大的基本权利,无论是谁,只要是因为军队单位的反对而无法结婚,都必然会极大影响他们的权利。尽管立法者在制定这些规则的时候以军队的安全和纯洁性为主要考虑,但绝不意味着军队能够忽略婚姻自由这样一个极为重要而基础的价值。因为我国宪法对婚姻自由有明确的规范,如果在实施这样严重影响婚姻自由的行政行为的过程中,毫不考虑当事人的意愿,很可能极大损害当事人利益。因此,如果我们以新“保护规范理论”为基础进行思考,仍然很容易赋予原告相应的行政诉讼资格。

总之,以保护规范理论为基础,即可在原告资格问题上充分解决军事利益受行政诉讼冲击的问题，而不用一刀切地将原告资格问题用身份加以判断。实践表明，担心原告资格过于宽泛会人为制造行政纠纷和案件，甚至影响军事机关的正常活动的想法是多余且落后的，特别是在军事行政领域，担心军事行政机关秋后算账、诉讼导致的严重诉累等原因，都客观上阻碍了人们向法院起诉。我们很难想象，大量官兵以挑战军事机关为乐事，实践中的常态反而是不愿起诉，不愿通过法律途径解决行政纠纷，而采取息事宁人的态度处理此类纠纷，久而久之怀恨在心，甚至在特定时候爆发出来，成为严重的安全隐患。

3. 权利保护的必要性

从司法实践来看，当原告的诉讼请求缺乏“权利保护必要性”时，法院也可能驳回起诉。如何确定诉讼请求没有“权利保护必要性”呢？有学者归纳出 5 种情形，分别为因无效率而欠缺权利保护必要性、因无实益而欠缺权利保护必要性、因时机不当而欠缺权利保护必要性、因目的不当而欠缺权利保护必要性、因不可预见而欠缺权利保护必要性。[1] 其中较为常见的情形是有更为便捷有效的途径解决纠纷，却舍近求远地起诉，则可能因为欠缺权利保护必要性而使诉讼被裁定驳回。

例如，在何某诉重庆市沙坪坝区人民政府非诉强制执行案

---

① 参见梁君瑜：《祛魅与返魅：行政诉讼中权利保护必要性之理论解读及其适用》，载《南大法学》2020 年第 2 期。

中，何某面对区人民政府申请法院作出的强制执行行为，依法既可以提起行政诉讼，也可以提出法定异议、申诉。然而，在区人民政府申请法院强制执行时，何某既没有在非诉强制执行前的法院审查程序中提出异议，也没有依法选择申诉。因此，最高人民法院认为，其在具备更有效便捷救济方式的情况下起诉，“有舍近求远之嫌，不具有保护其权利的必要性及实效性”，从而裁定驳回了何某的申诉。[①] 又如，在杨某、美国新都兴业有限公司诉景德镇市商务局、景德镇市市场和质量监督管理局一案中，两上诉人因为投资权益发生争议，由于股权转让需要经过商务局的许可，股权和法定代表人变更需要市场和质量监督管理局登记，两申诉人围绕许可和登记问题展开了一场行政诉讼。最高人民法院同样秉持这一立场，认为该案名义上是股权转让行政许可和登记引发的行政争议，实质上是一起投资权益争议，属于民事权益纠纷，通过民事诉讼解决彼此间的权益纠纷似为最佳选择，从而驳回了申诉人的申请。[②] 在行政登记领域，此类案件还大量发生，如当事人因房产发生权利争议，遂起诉房产管理局，法院亦认为，当事人就案涉房屋登记的争议，实质上是当事人之间就房屋及补偿款权属产生的争议，对此，争议双方可直接通过民事确权途径解决，从而裁定驳回

---

① 参见最高人民法院行政裁定书，(2017)最高法行申 2885 号。

② 参见最高人民法院行政裁定书，(2017)最高法行申 4779 号。

起诉。[1]

而在军事行政诉讼制度运行过程中,这一理论完全可以作为参考。如果军事行政诉讼当事人采取其他救济方式,可以更为便捷有效地解决问题,却舍近求远地起诉,则应视为没有权利保护的必要性。在一起假设的案件中,某军人起诉政治工作部门,认为他们在审查该军人结婚的过程中怠于职守,导致他与妻子办理了结婚登记,然而其妻子并不符合《军队人员婚姻管理若干规定》中明确的军人配偶的政治标准,遂请求确认该审查无效。这一做法显然是舍近求远了,因为当事人面对的是一个民事纠纷,涉案军人提起行政诉讼的意图只是解决自身的婚姻家庭纠纷,其现实动因可能是其妻子不愿离婚,该军人便希望通过确认审查无效达到结束婚姻的目的,或者为了通过确认审查无效而宣告婚姻无效,从而规避离婚可能带来的财产损失。但这归根结底不是解决问题的正途,更非便捷的途径,理当视作没有值得在行政诉讼中加以保护的权利。[2]

更加值得借鉴的问题在于,由于军队行政管理活动极为完整地覆盖了军队生活的方方面面,在纠纷解决过程中往往存在

---

① 参见最高人民法院行政裁定书,(2020)最高法行申 4080 号。

② 这一例子虽然荒谬,但世间事千奇百怪,在地方法院起诉婚姻登记机关确认婚姻无效的案件其实并不在少数。军事行政诉讼制度运行时间尚短,此类案件随着军事行政诉讼制度不断发展,并非全无可能。

更为便捷有效的层级救济途径，例如《内务条令（试行）》就对控告和申诉进行了专门规定，军人对违法违纪行为有权提出控告，认为自身权益受到侵害的有权提出申诉。在这种情况下，如果军人完全不采取此种措施，径行提起诉讼，则应考虑此类诉讼的必要性和实效性，参考最高人民法院的上述判决作出相应处理。

关于这一问题，有学者指出，军事行政诉讼制度应当明确"非穷尽军事行政救济手段不能诉诸法律原则"，认为与普通行政权不同，军事行政权强调高度集中统一，军事行政行为具有对象内部性、程序相对封闭性和突出的政治性等特征，行政复议、行政赔偿、行政监察等手段的使用，能够更加规范军内行政执法主体职权的行使，促进军内的层级监督。同时，军内行政执法主体具备专门的军事行政知识，能够更好、更快地解决军内行政争议，降低纠纷解决成本，保证军事行政正常秩序，维护军事行政的实效性和权威性。①

笔者赞同这一理由，但不认可这一结论——"穷尽"一词过分含混不清，何谓穷尽？是申诉到中央军委才算穷尽，还是申诉到上级单位即穷尽？是向上级机关申诉即穷尽，还是向上级纪委监委控告为穷尽？这些都不明确。坚持行政手段救济

---

① 参见肖孟奎：《军事行政诉讼制度构建法理探析》，法律出版社 2017 年版，第 113 ~ 114 页。

优先,必须以法定救济程序的完备性为前提,如果没有足够明确清晰畅通的救济路径,穷尽军事行政救济手段,很容易在实践中压缩权利救济的实现空间。而从立法意图来看,行政诉讼法规定的行政复议前置,要求以法律、法规的规定为依据,如果军事法规没有要求进行复议,而以"穷尽"为原则,也违背了行政诉讼法的基本精神。实际上,用好权利保护的必要性这一原则,即可克服这一弊端——对比行政诉讼与其他类型的纠纷解决机制,即足以明确是否满足了权利保护的必要性的原则。

三、军事行政诉讼被告

被告是原告的对造,原告在提起诉讼之时,都应当在诉讼文书中列明被告。我国《行政诉讼法》第49条明确规定,提起诉讼应当"有明确的被告"。实际上,仅明确列出被告还不够,还要列对被告,如此才能有效发起一场诉讼。从实践来看,军队行政管理的面很广,相关法规数量繁多,牵涉部门十分复杂,如何确定由哪一个具体机关作被告,也是一个十分复杂的问题。

(一)军事行政诉讼被告制度的现状

1.军事行政诉讼被告的适格条件

总的来看,被告适格的条件归纳起来有三条:第一,被告应当是机构，而非个人或国家；第二，被告应当是依法成立、具有行政主体资格的机构；第三，原则上以对外作出行政行为的机构为被告。[①] 在我国行政法理论中，国家设立机构（主要是行政机关）各司其职，这些机构代表国家实施法律，以自身名义行使职权，并自行承担相应责任。因此不存在一些西方国家以行政首长、国家为被告的情况。同时，并非所有机构都可以成为行政诉讼被告，只有行使公共职能的特定组织才能成为被告，而且原则上应以文书具名的主体为被告。在这三个规则之下，大多数被告问题都能得到较好的解决，因此军事行政诉讼被告制度只规定了一些较为特殊的情况。从目前来看有如下几项规定：

第一，军人或者军队单位对试点区域内军级以下军事机关的行政行为不服提起诉讼的，该军事机关是被告。

第二，军事机关的内设机构、派出机构或者其他组织，如果有法律、法规或者规章的授权，当事人对其行政行为不服提起诉讼的，以该机构或者组织为被告；如果没有法律、法规或者规章的授权，则以该军事机关为被告。

第三，军事行政行为须经上级军事机关批准，当事人对批准或者不批准行为不服提起诉讼的，以上级军事机关为被告；

① 参见何海波：《行政诉讼法》（第3版），法律出版社2022年版，第217页。

军事行政行为须经下级军事机关初步审查并上报，当事人对不予初步审查或者不予上报不服提起诉讼的，以下级军事机关为被告。①

2. 军事行政诉讼被告的具体范围

由于军事行政的特殊性，军事行政诉讼被告仅包括军事机关，而不包括地方政府及其部门，从实践来看，以下军事机关在行使军事行政权的过程中，可能会成为被告：

第一，中央军委。根据《国防法》第 15 条之规定，中央军委领导全国武装力量，中央军委负责与全国武装力量有关的行政事务，有权实施军事行政行为。但值得我们特别注意的是，这一条所规定的中央军委职权的具体内容，有些是政治行为，有些是立法行为，有些是基于隶属关系的命令行为。真正类似于一般行政行为的事项，反而主要是与国务院共同实施的领导和管理国防科研生产、管理国防经费和国防资产，以及领导和管理任务武装动员、预备役工作。正因如此，尽管中央军委在理论上可能成为军事行政诉讼被告，但由于其所处理的事项具有高度的政治性，所以在一般情况下难以成为被告。从实践来看，中央军委一般不以自身名义作出针对特定人和特定事的行为，这些行为最多是以中央军委机关的名义作出。这里要注意

---

① 参见西部战区公众号：《探索建立军事行政诉讼制度，官兵权利更有保障》，2020 年 11 月 20 日发布。

的是,如果对中央军委机关作出的行为不服,向中央军委申请复议,中央军委能否成为被告呢?笔者认为,参考《行政复议法》第26条之规定,对国务院部门或省级人民政府的具体行政行为不服的,应向作出该具体行政行为的国务院部门或省级人民政府提起行政复议,对复议决定仍不服的,既可以向人民法院提起行政诉讼,也可以向国务院申请裁决。如果选择后者,国务院作出的决定即最终裁决,当事人不得对国务院的最终裁决提起行政诉讼。中央军委作为最高军事机关,同国务院一样,作出的裁决应为最终裁决,具有终局性。当然,这一问题应当得到法律的进一步明确规定。

第二,中央军委机关。2016年1月,中央军委机关调整组建任务基本完成,由原来的总参谋部、总政治部、总后勤部、总装备部4个总部改为15个职能部门,包括:军委办公厅、军委联合参谋部、军委政治工作部、军委后勤保障部、军委装备发展部、军委训练管理部、军委国防动员部、军委纪委、军委政法委、军委科技委、军委战略规划办公室、军委改革和编制办公室、军委国际军事合作办公室、军委审计署、军委机关事务管理总局。需要注意的是,有些机构在名分上是纯粹的党的机构,如中国共产党中央军事委员会纪律检查委员会、中国共产党中央军事委员会政法委员会,不可能有相对应的中华人民共和国中央军事委员会政法委员会等机构,但在军队的体制下也承担了部分行政职能,如军委政法委便承担了军队律师的管理职能。然而,行政诉讼又怎么能把党的机构设定为被告呢?这种情况的出现,需要在体制上加以调整,例如,在军委政法委的相关机构上加挂军队司法局的牌子,执行相关行政职能。这就能够避免由党的机构执行地方政府部门实施的行政职能,导致相关权利救济难以实现的问题。

第三,各级军事机关。除了中央军委和中央军委机关以外,还有各级军事机关作出相应行政行为,具体包括战区、军种机关、战区军种机关、团及团以上军队建制单位。那么哪一级机关可以成为军事行政诉讼被告呢?有多种观点:一是机关说,也就是设置有机关的团及以上单位才能成为军事行政诉讼被告,具体而言,“部队机关仅在团以上单位存在,基层营、连、班、排均不设机关,不能成为军事行政主体”①。要注意的是,并非所有团级单位都设置机关,从这个逻辑来看,不设机关的团以上单位也不能成为相应主体。二是连级单位说,该说认为,连级单位“是军队为管理内部人员及其活动而设立的组织形式”,能够执行对义务兵的警告,也能进行行政检查。② 三是独立地位和责任说,该说认为,由于团以下单位没有决策权和执法权,只能落实上级决定、指示和要求,作出相应行为要依据

---

① 沈雪哉主编:《军制学》,军事科学出版社 2000 年版,第 301 页。

② 参见郑三土:《军队行政监察新论》,解放军出版社 2003 年版,第 18 页。

上级军事机关的命令和指示，相应责任也由上级承担，所以最基层的军事行政主体应是团一级机关。[①] 该说虽然与机关说的结论一致，但论述方式显然不同。笔者赞同这一论证，但不认同这一结论——是否构成行政主体，不能以下级行为是否遵守上级命令为标准，因为除中央军委以外，任何一级军事机关都需要遵守上级命令，都不可能构成行政主体。笔者认为，作出这一判断，主要应以是否以自身名义作出行政行为、是否独立承担责任为标准。根据这一标准，尽管在大多数情况下，团以下单位不可能作出军事行政行为，但法律法规往往会有相应授权，如根据《纪律条令（试行）》第224条之规定，营级单位军、政主官批准对义务兵和初级、中级士官实施行政看管，此时的营级单位便显然具有了行政主体地位，其原因在于法律法规的明确授权。

（二）军事行政诉讼被告制度的改进

1. 授权组织和委托组织的被告确定问题

授权与委托在民法领域的含义类似，只是从不同面向来阐述同一法律关系。但在行政法领域，授权与委托明显是两回事——授权是基于组织法以外的法律法规对相关组织进行的

---

① 参见肖孟奎：《军事行政诉讼制度构建法理探析》，法律出版社2017年版，第99页。

授权,委托则是行政机关将自身职权委托给其他组织行使。二者在行政法领域有很大区别:

基于行政法的一般理论,授权组织的行政主体资格直接源于法律法规的规定,授权组织应当以自身名义作出行政行为。委托组织则不同,其主体资格源于有权机关的委托,只能以委托机关的名义作出行政行为,并由委托机关承担相应后果。根据这一逻辑,军人或者军队单位对试点区域内军级以下军事机关的行政行为不服提起诉讼的,该军事机关是被告。军事机关的内设机构、派出机构或者其他组织,如果有法律、法规或者规章的授权,当事人对其行政行为不服提起诉讼的,以该机构或者组织为被告;如果没有法律、法规或者规章的授权,则以该军事机关为被告。

这里有一个值得注意的问题,即军队院校的被告主体资格问题。我们注意到,自田某诉北京科技大学案后,我国法院正式确立了受教育权受侵犯后可以接受司法审查的诉讼制度。这些案件主要包括:学校颁发学业、学位证书案件,学校对学生开除学籍、留校察看等纪律处分案件。由于高校并非一般意义上的行政主体,仅在得到《高等教育法》等的授权之时,法院方能对高校的行为进行审查。那么,如果军队院校开除了当事人学籍,是否可能引发此类诉讼呢?司法实践中实际已经出现了相关案例,某军事院校因学员作弊,实施了开除学籍的处分,该生遂向所在地军事法院提起行政诉讼,法院亦受理了此案,并依法判决驳回了该生的诉讼请求。虽然此案发生率很低,目前仍可称作孤案,但也可以初步说明军事法院在审理此类案件中的开放态度。

2. 经批准的行政行为的被告

在军事行政诉讼制度领域,有许多需要经过上级机关批准的事项,如军队律师证的年审,各级法律顾问处对年审结果盖章确认,但最终需要由上级机关核准。这便可能出现批准机关与署名机关两个主体,谁应当是经批准的行政行为的责任主体,并担当行政诉讼被告?这个问题在实践中比较复杂,主要因为以下两个规定:(1)《行政复议法实施条例》第 13 条规定:“下级行政机关依照法律、法规、规章规定,经上级行政机关批准作出具体行政行为的,批准机关为被申请人。”(2)2018 年《行诉法解释》第 19 条规定:“当事人不服经上级行政机关批准的行政行为,向人民法院提起诉讼的,以在对外发生法律效力的文书上署名的机关为被告。”这显然体现了两种思路:前者认为批准行为可视同作出具体行政行为,被申请人自然是批准机关;后者则认为,批准行为不能改变原行为的性质,仍应由原行为机关作为被告。

为什么复议制度和诉讼制度会出现这种差异呢?实际上,《行政复议法实施条例》作出这种规定,实际考虑的是复议制度的实际情况。复议是一种行政体系的内部监督,如果某行为需要经过上级机关批准方能作出,那么当事人以署名机关为被申请人,则实际的批准机关将会是处理复议的机关——从任何人不得为自己的法官这个救济制度基本原则出发,这显然是不妥当的,因此,《行政复议法实施条例》会进行此项规定。然而,行政诉讼制度是一种源自外部的监督,司法机关与行政机关并无隶属关系,尽管某项行为是经过批准的行政行为,但批准单位毕竟不是司法机关,而是行政机关,法院在审查过程中无须考虑批准机关本身,而只需列署名机关为被告,即可充分实现有效的救济。

关于军事行政诉讼的规范,则主要参考《行政复议法实施条例》,规定当事人对批准或者不批准行为不服的,以上级军事机关为被告;对不予初步审查或者不予上报不服提起诉讼的,以下级军事机关为被告。表面上看,这些规范是合理的,但显然存在问题:

第一,没有区分上级单位批准的依据。例如,根据军事法规规章,某项行政行为须经下级单位报经上级单位批准,此时当事人能够明确知悉谁是批准机关,以该机关为被告是清楚的。然而,在很多情况下,军事法规规章并未明确批准机关,下级机关作出一定行为之前,按照内部规则与程序报上级机关批准,此时当事人如何能够获知此种复杂程序,并据以列明被告?

在审理过程中，如果上级机关否认存在批准行为，法院又何以审查？

第二，未能把握《行政复议法实施条例》的规范意图。前已述及，行政复议是一种内部监督，不以署名机关为被申请人的目的，是避免出现批准机关同时担任复议机关，从而使这一救济途径丧失公正性的问题。然而，无论是军事行政诉讼还是一般行政诉讼，司法机关都不是行政决定的最终作出者。

基于此，笔者认为，在出现批准机关的问题上，应改变主要参考《行政复议法实施条例》的做法，转向参考 2018 年《行诉法解释》第 19 条之规定："当事人不服经上级行政机关批准的行政行为，向人民法院提起诉讼的，以在对外发生法律效力的文书上署名的机关为被告。"

然而，如果当事人以批准机关为被申请人提起行政复议，后不服行政复议和原行政行为，应当如何处理？实践中曾有大量相关案例，最高人民法院在一批再审案件中对这一问题进行了细致分析，堪为借鉴：这一系列案件的当事人均系长沙市芙蓉区某村村民，2015 年 7 月，经芙蓉区人民政府批准，芙蓉国土分局发布了征地补偿安置方案实施公告。按照《行政复议法实施条例》之规定，当事人遂以芙蓉区人民政府为复议申请人，向长沙市人民政府提起行政复议。一审、二审法院均以 2018 年《行诉法解释》第 19 条为依据，认为该批准行为的效力已外化为芙蓉国土分局发布《征地补偿安置方案实施公告》的行为，原告如不服该公告行为，应以芙蓉国土分局为被告向人民法院提起诉讼。一审、二审法院均向原告进行了释明，要求他们变更被告，但原告坚持以长沙市人民政府为被告，因此法院驳回了原告的起诉。

最高人民法院则认为，此处涉及两种行为：一是芙蓉区人民政府对补偿安置方案的批准行为，二是芙蓉国土分局制定并公告补偿安置方案的行为，抑或补偿安置方案中的某一项补偿标准行为。复议申请人申请行政复议时，应当明确申请复议审查的对象，长沙市人民政府行政复议程序也应在明确被复议的行政行为的前提下，结合《行政复议法实施条例》第 13 条的规定，确定适格的被申请人。该案中，长沙市人民政府复议决定以芙蓉区人民政府为被申请人，并对芙蓉区人民政府批准的征地补偿安置方案予以维持，被征收人以复议机关和复议决定中的被申请人为共同被告提起行政诉讼，仍应根据其复议申请书所载明的申请审查的行政行为和复议决定为行政诉讼审查标的。法院同时认为，由于当前法律规定不明确，《行政复议法实施条例》第 13 条与 2018 年《行诉法解释》第 19 条的规定可能存在认识上的不一致，一审法院在确定该案被告时，可以释明该案长沙市人民政府、芙蓉区人民政府与芙蓉国土分局在不同情况下的被告适格问题；但在被征收人拒绝将芙蓉国土分局列为被告参加诉讼的情况下,人民法院仍可仅将复议机关长沙市人民政府和行政复议被申请人芙蓉区人民政府列为共同被告,并对复议决定和行政行为的合法性进行审查。①

这里显然有两层意思:一是以原告的诉讼请求为基础,确定复议的被申请人和被告,如果诉讼请求内容不涉及批准机关的决定,则应以下级机关为被申请人和被告;如果涉及,则应以批准机关为被告和被申请人。二是法律确实存在认识不一之处,因此应考虑当事人利益和行政纠纷的有效解决,原则上应当将案件纳入行政诉讼程序,不能径行驳回起诉。在军事行政诉讼制度建设过程中,这一思路也是通用的,应当予以考虑。

四、军事行政诉讼第三人制度

行政诉讼中的第三人,是对他人提起的行政诉讼,认为同被诉的行政行为有利害关系而申请参加诉讼或者由法院通知参加诉讼的人。当前军事行政诉讼制度并未专门规定第三人问题,可能是认为军事行政诉讼第三人制度并无明显的特殊性,没有必要进行特别规定。但仔细考量之后,我们会发现军事行政诉讼第三人问题的特殊性,仍有必要从行政诉讼制度一

---

① 参见最高人民法院行政裁定书,(2020)最高法行再24－96号。

般原理出发,进行一些简要论述:

第一,军事行政诉讼第三人应当同提起诉讼的行政行为有利害关系。所谓"同提起诉讼的行政行为有利害关系",是指同被诉的行政行为有法律上的权利义务关系。例如,在一起行政看管案件中,某名战士与地方人员发生冲突,军事机关根据《纪律条令(试行)》的规定,对该名战士实施了 3 天的行政看管。该战士不服行政看管决定,遂向军事法院提起行政诉讼,此案处理结果可能牵涉到被侵害人,被侵害人就要参加诉讼,此时,被侵害人就可能是第三人。需要注意的是,这里说的利害关系并不包括与案件处理结果有利害关系,而是与被诉的行政行为有利害关系。前者范围较大,而后者范围较小——试举一例,甲战士借穿乙军官的军装外出,被警备纠察收缴,甲战士认为自己也是军人,有权身穿军装外出,因此不服警备纠察的行为,遂提起行政诉讼。此时,乙的军装被收缴,自然与该案的处理结果有利害关系,然而,乙与这一行政行为并没有利害关系,他是否参加诉讼,与该行为是否合法毫无关系,因此不能作为案件的第三人。如果乙认为该行为侵害了他的权益,也应以甲为被告提起民事诉讼,而非担当该行政诉讼案件的第三人。

第二,参加到他人已经开始但尚未终结的诉讼中来。如果军事行政诉讼案件尚未开始,当然不存在第三人参加诉讼的问题,因为第三人不是案件的发起方,能发起诉讼的只有原告;如果军事行政诉讼案件已经终结,也不可能以第三人的身份参加诉讼。

第三,军事行政诉讼第三人具有当事人的诉讼地位。第三人参加诉讼是为了维护自己的合法权益,有独立的诉讼地位。在军事行政诉讼中,由于第三人与被诉行政行为有法律上的利害关系,所以有权提出与案件有关的诉讼主张,人民法院可以对第三人直接作出判决。第三人对一审判决不服的,有权提出上诉。

第七章　军事行政诉讼审判依据

司法的依据是法律，军事行政诉讼亦不例外。但军事行政诉讼所依据的不仅包括国家法律，还包括军事立法。在我国立法体制中，军事立法虽是国家立法体系中的重要组成部分，但因其军事性而产生了不同于其他许多领域立法的特征，这不仅体现为立法主体、立法程序等制度上的差异，更体现为立法任务、立法目标等理念上的不同，这也让军事行政诉讼审判依据成为本课题研究必须解决的重要问题。关于军事立法，最新的法律文件是2017年制定、2024年修订的《军事立法工作条例》，该条例共13章85条，明确了军事立法工作的指导思想和基本原则；规定了制定军事法规、军事规章的权限；规范了制定军事法规和军事规章的规划与计划、立项、起草与呈报、审查、决定与发布、备案、修改与废止等具体程序，以及备案审查、清理汇编、适用与解释、体例规范等相关制度。

一、军事行政诉讼适用的国家法律

前已述及，我国军事司法制度是国家司法制度的一部分，而不是军事制度的附庸。既然是国家司法制度的一部分，自然应当以适用国家法律、确保国家法律在军队有效实施为重要任务。根据《行政诉讼法》第 63 条第 1 款之规定，人民法院审理行政案件，以法律和行政法规、地方性法规为依据。地方性法规适用于本行政区域内发生的行政案件。但对军事行政诉讼而言，由于涉及军事法规、军事规章的适用问题，这些法规依据的采用，应当进行更进一步的细致分析。国家机关立法主体本身不是军事机关，但依法有权对军事事项进行立法，在我国，包括全国人大及其常委会、国务院、地方人大及其常委会、国务院部委和地方人民政府，分别体现为国家法律、行政法规、地方性法规、规章四种基本类型。

（一）法律的适用

法律的制定主体是全国人大及其常委会。我国的政权组织形式是人民代表大会制，权力机关是人民代表大会。根据我国《宪法》第 58 条、《立法法》第 10 条之规定，全国人大及其常委会行使国家立法权。基于这一规定,全国人大及其常委会制定了《国防法》《兵役法》《国防动员法》《国防交通法》等调整军事社会关系的法律。

国家法律是行政诉讼最基本的依据,是人民法院处理行政纠纷的标准和尺度,人民法院以国家法律为基础,衡量判断行政行为是否合法,并确认当事人之间的权利义务关系。但要注意的是,在军事行政诉讼中适用国家法律,还需要考虑授权条款的影响,具体来看,就是国家法律对军事机关的授权问题。如果法律对军事机关有授权,又要考虑这一授权的力度。具体问题办法详见下文。

(二)行政法规的适用

行政法规的制定主体是国务院。根据我国《宪法》第 89 条第 10 项之规定,国务院"领导和管理国防建设事业",因此也有权制定与军事有关的行政法规。又根据《国防法》第 14 条之规定,国务院也行使部分国防职权。① 基于这些规范,国务院在相关问题上可以制定行政法规。同时,国务院可能会同

① 《国防法》第 14 条规定:"国务院领导和管理国防建设事业,行使下列职权:(一)编制国防建设的有关发展规划和计划;(二)制定国防建设方面的有关政策和行政法规;(三)领导和管理国防科研生产;(四)管理国防经费和国防资产;(五)领导和管理国民经济动员工作和人民防空、国防交通等方面的建设和组织实施工作;(六)领导和管理拥军优属工作和退役军人保障工作;(七)与中央军事委员会共同领导民兵的建设,征兵工作,边防、海防、空防和其他重大安全领域防卫的管理工作;(八)法律规定的与国防建设事业有关的其他职权。"

中央军委共同制定军事行政法规。从实践来看,国务院可以单独制定属于调整国防建设领域内的社会关系,但不直接涉及军队和现役军人的行政法规,如《军人抚恤优待条例》《退役军人安置条例》等;凡调整对象属于国防建设领域,涉及军队、军人与地方各级人民政府、社会团体、企事业单位和公民相互关系的军事行政法规,均由国务院和中央军委联合制定,如《民兵工作条例》《征兵工作条例》《中国人民解放军文职人员条例》等。① 军事行政法规已经脱离了非军事机关立法的范畴,行政法规则通常不涉及军队和现役军人,但由于它们也会对军队产生一定影响,只要没有与之含义相反的军事法规,即应适用该法规。

(三)地方性法规的适用

地方性法规是省级人大及其常委会和设区的市人大及其常委会制定的法规。此类法规通常不涉及军队建设,但也可能因效力的属地管辖问题而影响到军队。地方人大及其常委会应有军事立法权,主要原因在于地方人民政府有管理部分军事事务的职权。例如,《国防法》第 18 条第 2 款规定,“地方各级

① 参见张建田:《军事立法体制与军事立法实践中的有关问题》,载《西安政治学院学报》2002 年第 6 期。

人民政府依照法律规定的权限，管理本行政区域内的征兵、民兵、国民经济动员、人民防空、国防交通、国防设施保护，以及退役军人保障和拥军优属等工作”。而随着国家法治建设不断迈向深入，全国各地都或多或少出现一些涉及军事问题的地方性法规和规章。这主要包括如下内容：(1)与地方居民关系密切的一些事项，如国防动员、国防教育和兵员征集等法律制度；(2)涉及地方政府主动作为的事项，如军事设施保护、人民防空、国防交通等；(3)涉及优抚安置相关事宜，如军人军属优待、退役军人安置等。然而，我们要注意的是，军队作为随时准备执行特殊任务的武装集团，在组织编制、管理方式、经费保障和保密要求等诸多方面，与地方单位和个人有诸多不同。地方性法规不能过分干涉军队职权职责、职能使命的履行问题，有鉴于此，地方性法规在军事行政诉讼中的适用问题可以分为两种情形：

第一，不涉及军人身份判断、军事机关职权行使标准的地方性法规应普遍执行，例如，某地方性法规对交通问题进行规范，制定了实施《道路交通安全法》的相关细则，在通常情况下，军车理应受这一规则约束，在出现违章问题时亦应按其规定进行处罚，盖因此时的处罚与军车执行职务无关，而是地方人民政府及其交通部门的职权职责。以隶属关系不同为由否定地方性法规的效力，既无现实需求，又无法律依据，实为特权思想作祟的结果。对此类规则,军事法院在审理行政诉讼案件时,便需要加以适用。

第二,一旦涉及军人身份判断和军事机关职权行使,就不应由地方性法规进行规范。2004 年的《检察日报》曾刊载一则立法例:“最近,某军区所在地的省人大常委会就该省将制定的一部献血方面的地方性法规草案征求部队意见,其中明确规定在该省服役的官兵服役期间,二年内每人应当义务献血一次。”①这一规定便有所不妥,因为此条文实际是以军人身份为依据进行了义务性规定,对军队的日常管理进行了干预。同时,它违背了上位法之规定,《献血法》第 7 条规定:“国家鼓励国家工作人员、现役军人和高等学校在校学生率先献血,为树立社会新风尚作表率。”第 6 条第 2 款规定:“现役军人献血的动员和组织办法,由中国人民解放军卫生主管部门制定。”这就对职权职责问题进行了更加明确的划分,地方性法规不应违背此上位法之规定。对于这类规范,军事法院在审理军事行政诉讼案件时便不应适用。

(四)规章的适用

根据《行政诉讼法》第 63 条第 3 款之规定,“人民法院审

---

① 张建田:《地方法规不宜对驻军作出强制规范》,载《检察日报》2004 年 8 月 17 日,第 2 版。

理行政案件,参照规章”。所谓参照,便是参考并仿照规章的精神审理行政案件。从规章的本质而言,它实际是一种特殊的抽象行政行为,如果要求人民法院在审查行政机关行为时,还要以行政机关自定的规则为依据和标准,这显然是不合理的。规章包括部委规章和地方人民政府规章两类,此外,国务院各部委同中央军委机关还可以联合制定规章,但这同样不纯粹是国家法律,此处不赘述。

一是部委规章,其制定主体为国务院相关部委。除国防部以外,国务院一些部委与军队事务有一定关系,就其主管范围可以制定与军队有关的部门规章。例如,民政部、交通运输部、教育部等都在相关职权范围内制定了可能影响军队的规章。这里要注意的是,在退役军人事务部成立之后,原本由民政部门享有的部分职权交由退役军人事务部实施。在实践中也出现了退役军人事务部对民政部的相关规章进行修改的情形,例如,退役军人事务部就于 2019 年、2020 年分别修改了由民政部制定的《伤残抚恤管理办法》和《光荣院管理办法》。此类规章的实施通常由政府部门单独进行,一般不涉及军事机关。如果军事行政诉讼涉及此类规章,则应考察该规章与军队内部的规定是否协调一致,并优先适用军队内部规定。

二是地方人民政府规章,其制定主体为设区的市以上人民政府。根据规定，省、自治区、直辖市、设区的市、自治州的人民政府根据法律、行政法规和本省、自治区、直辖市的地方性法规，制定规章。同地方性法规一样，地方人民政府规章也可能作出涉及军队和军人的规定，军事行政诉讼过程中遇到此种情形，同样应当参考地方性法规的相关判断标准，明确是否参照规章。这里要注意的是，即使规章可能存在冲突或无效的情形，也不能径行宣告其无效，而只能通过司法建议向相关权力机关、行政机关提出撤销或修改的意见，同时在判决中不予参照。

二、军事行政诉讼适用的军事立法

"军事立法"由两个词组成："军事"和"立法"，其中"立法"的概念较为明确，它是一项重要的国家活动，是指有立法权的国家机关依据法定的权限，通过法定的程序，制定、修改和废止法律规范的活动。但由于"军事"的含义不同，"军事立法"有两种可能的含义：(1)形式意义的军事立法，即由军事机关进行的立法，这种看法将"军事"理解为对立法主体的限定。这一类型的立法包括军事法规和军事规章两个层次，《军事立法工作条例》实际采取这一定义。(2)实质意义的军事立法，即涉及军事的立法，这种看法将"军事"理解为对立法内容的限定，军事立法包括各主体进行的与军事有关的立法活动。[①]这两种定义并无对错之分，只是从不同角度对“军事立法”概念所作的具体理解与认识。鉴于本章讨论的问题主要涉及效力渊源对军事行政诉讼制度的影响，因此，我们从形式意义上使用军事立法一词。

(一)军事法规的适用

军事法规的制定主体为中央军委。根据《宪法》第 93 条第 1 款之规定，中华人民共和国中央军事委员会领导全国武装力量。而根据《立法法》第 117 条第 1 款之规定，中央军委根据宪法和法律，制定军事法规。

法律有时会直接授权军事机关制定军事法规，这里说的军事机关，一般是中央军委。我们能够以授权的权限范围为依据，将法律对军事机关的授权分为“另有规定”式、“依照原则”式、“参照”式和“依照”式四种：

第一，“另行规定”式授权，这是一种最灵活的授权，意味着中央军委和国务院的立法在特定领域优先于国家法律具体

① 如周健等认为军事立法是“最高国家权力机关、最高国家行政机关、中央军委及享有军事立法权的军事机关，按照法定权限和程序，制定、认可、修改或废止具有法律效力的规范性文件的活动”。参见周健、曹莹主编：《军事立法学》，军事科学出版社 2002 年版，第 17 页。

规则的适用，如《枪支管理法》第 2 条规定："中华人民共和国境内的枪支管理，适用本法。对中国人民解放军、中国人民武装警察部队和民兵装备枪支的管理，国务院、中央军事委员会另有规定的，适用有关规定。"又如《政府采购法》第 86 条规定："军事采购法规由中央军事委员会另行制定。"这都体现了国家法律对中央军委立法权的一种最灵活的授权方式。但要特别注意的是，有些立法文本中也出现了"另行制定"的提法，但实际是"依照"式授权，如《计量法》第 32 条规定："中国人民解放军和国防科技工业系统计量工作的监督管理办法，由国务院、中央军事委员会依据本法另行制定。"这里虽说有"另行制定"的提法，但受到之前"依据"一词的影响，我们并不能认为中央军委在这个问题上得到了充分灵活自主的授权。在"另行规定"的情况下，军事法院应当主要适用军事法规、军事规范性文件。

第二，"依照原则"式授权，这是一种较为灵活的授权，如《环境影响评价法》第 36 条规定："军事设施建设项目的环境影响评价办法，由中央军事委员会依照本法的原则制定。"又如《核安全法》第 92 条规定："军工、军事核安全，由国务院、中央军事委员会依照本法规定的原则另行规定。"这样一来，中央军委所需要依据的仅仅是该法的原则精神，而无须完全依照其具体内容进行规定，具有较强的灵活性。采取这种立法模式的还有《教育法》《医师法》等。在“依照原则”的情况下，法院需要考察军事法规和中央军委制定的军事规范性文件的内容，如果它们与法律的基本精神一致，则应当主要适用军事法规和军事规范性文件。

第三，“参照”式立法，要求被授权机关参照授权法的规定制定规则，在表述上比较灵活，但一般也不应当与法律的具体规定相冲突，如《职业病防治法》第86条第3款规定：“中国人民解放军参照执行本法的办法，由国务院、中央军事委员会制定。”又如《驻外外交人员法》第47条规定：“驻外外交机构武官参照本法管理，具体办法由中央军事委员会制定。”这两处都出现了“参照”的表述。在“参照”的情况下，军事法院应当以法律为主要依据，但不能拘泥于法律的具体规定，而要同时考察军事法规和中央军委制定的军事规范性文件的内容，在它们与法律的基本精神、基本制度一致的情况下，应当主要适用军事法规和军事规范性文件。

第四，“依照”式授权，要求被授权的机关依照法律的具体内容进行立法。如《监察法》第68条规定：“中国人民解放军和中国人民武装警察部队开展监察工作，由中央军事委员会根据本法制定具体规定。”这种授权方式是最多的，中央军委此时有权进行一定程度的灵活安排，但也有较为严格的要求和限制，需要尽可能地保持军事法规制度与国家法律制度之间的协调一致、高度统一。在“依照”的情况下，军事法院应当以法律为主要依据，审查军事行政行为的合法性，在军事法规、军事规章与法律一致的情况下，可以适用军事法规、军事规章。

军事法规在获得授权的情况下，可否突破授权法的规定？我们认为：可以，但必须结合授权法本身的授权方式加以判断。在“另行规定”式、“依照原则”式两种授权模式下，军事法规可以突破授权法的规定，但在“参照”式、“依照”式两种授权模式下，军事法规不能突破授权法的强行法规定。但在实践中，仍然有个别军事行政法规存在与国家法律法规相互矛盾、冲突的地方。如国务院、中央军委制定的《国防专利条例》第35条规定：“《中华人民共和国专利法》和《中华人民共和国专利法实施细则》的有关规定适用于国防专利，但本条例有专门规定的依照本条例的规定执行。”但我们查看《专利法》，并未见到相应授权规范允许国务院、中央军委制定与之相冲突的规范，这实际上是以军事行政法规的形式确立了“下位法优于上位法”适用的规范，影响了国家法律的权威性。① 在今后的军事立法活动中，对此种情况应当尽力避免。

① 参见丛文胜等：《国防法治：国防和军队建设法治化》，解放军出版社2016年版，第158页。

(二)军事规章的适用

军事规章的立法主体为战区、军兵种、武警部队。根据中央军委印发的《关于深化国防和军队改革期间加强军事法规制度建设的意见》,中央军委制定军事法规,战区、军兵种、武警部队在职权范围内制定军事规章。根据《军事立法工作条例》第10条之规定,战区、军兵种可以根据法律、军事法规、中央军委的决定和命令,制定适用于本战区、本军兵种的军事规章。这里需要注意的是,武装警察部队的立法权在2000年的《立法法》中并无规定,该法第93条第2款明确规定:"中央军事委员会各总部、军兵种、军区,可以根据法律和中央军事委员会的军事法规、决定、命令,在其权限范围内,制定军事规章。"在此之后制定的《军事法规军事规章条例》(已失效)第66条却明确规定:"中国人民武装警察部队制定、修改和废止军事规章的活动,适用本条例。武警部队的规章与军兵种、军区规章具有同等效力。"这一规定一直饱受诟病。①

因此,在2015年《立法法》修改之时,该规定修改为:"中央军事委员会各总部、军兵种、军区、中国人民武装警察部队,可以根据法律和中央军事委员会的军事法规、决定、命

① 参见丛文胜等:《国防法治:国防和军队建设法治化》,解放军出版社2016年版,第159页。

令，在其权限范围内，制定军事规章。”从而将这一问题最终解决。而在2023年《立法法》的修改中，这一条又调整为：“中国人民解放军各战区、军兵种和中国人民武装警察部队，可以根据法律和中央军事委员会的军事法规、决定、命令，在其权限范围内，制定军事规章。”主要原因在于，在这次改革中，中央军委机关的功能定位发生调整，不再享有军事规章的制定权。

同规章一样，军事规章也应当得到仔细审查，如果军事规章的制定不符合授权的要求，或者超越了职权，同样不应适用。在军事行政诉讼中不适用军事规章，仍然可以视作对军事规章效力的否定性评价，然而军事规章归根结底涉及国防和军队建设中的重大问题，这种决定必须更加谨慎。

三、军事行政诉讼适用的军地联合立法

军地联合立法包括军事行政法规和军事行政规章两种情形，总的来看，二者应结合前述规则原则，确定在军事行政诉讼制度中的应用。

（一）军事行政法规的适用

军事行政法规是国务院、中央军委联合发布的法规，在

《立法法》中表述为“有关国防建设的行政法规”[①]，但考虑到军事行政法规概念通行已久，在军事法规中亦有体现，因此仍然使用此概念。军事行政法规有两种，一是根据职权自行制定的军事行政法规。二是根据授权制定的军事行政法规，对涉及军地双方的事务，部分法律直接授权给了中央军委和国务院，例如《基本医疗卫生与健康促进法》第109条规定：“中国人民解放军和中国人民武装警察部队的医疗卫生与健康促进工作，由国务院和中央军事委员会依照本法制定管理办法。”采取这种方式的立法，还包括《精神卫生法》《律师法》《建筑法》《港口法》等。显然，对于法律授权中央军委和国务院制定办法的事项，应采用两者共同制定的军事行政法规加以规范。

（二）军事行政规章的适用

2015年开始的军委机关调整组建，按照军委管总、战区主战、军种主建的总原则，把总部制改为多部门制，由原来的总参谋部、总政治部、总后勤部、总装备部4个总部，改为7个部（厅）、3个委员会、5个直属机构共15个职能部门。根据《军事立法工作条例》之规定，军委机关部门并无职权立法权，对职权范围内需要立法作出规范的事项，军委机关部门应当报请

① 《立法法》第77条第2款规定：“有关国防建设的行政法规，可以由国务院总理、中央军事委员会主席共同签署国务院、中央军事委员会令公布。”

中央军委制定军事法规、军事规范性文件；对业务工作方面需要作出具体规定的事项，可以制定军事规范性文件，发全军各大单位相关业务部门执行。但根据相关规定，在中央军委批准的情况下，军委机关工作部门可以与中央国家机关有关部门进行联合授权立法。这些军事行政规章不同于一般的地方立法，它们既涉及军队事务，又涉及地方衔接，应当得到军事法院和地方法院的一体适用。

第八章　军事行政诉讼裁判制度

行政诉讼裁判与受案范围共同构成行政诉讼制度中最关键、最重要的部分，行政诉讼裁判是诉讼程序终结的最终结果，内蕴了极为重要的规范意义和价值意义。从形式上看，行政诉讼裁判包含行政诉讼判决、裁定和决定，其中判决主要涉及实体问题，裁定主要涉及程序问题，决定则有特殊的适用情形。显而易见的是，判决是这些制度中的关键，因此我们主要围绕行政诉讼判决展开讨论。判决制度与行政诉讼性质密不可分——在客观诉讼的视野下，判决体现了对国家制度的维护，因此它并不拘泥于对当事人诉讼请求的回应；而在主观诉讼的场景里，判决在很大程度上强调当事人的态度。既然我们坚持军事行政诉讼制度应以客观诉讼为主,那么判决制度的核心便是维护国家法制的权威性和统一性,依诉择判的理论不能完整适用于军事行政诉讼制度。

一、军事行政诉讼裁判的任务

任何一个国家,无论实行何种政治和社会制度,都有维护自身安全和稳定的需求,也有维护公民权利的任务。它们分别对应的是行政诉讼性质的不同认识——前者是客观诉讼,后者是主观诉讼。映射到判决制度之下,客观诉讼对应的判决应首先体现为国家之态度;主观诉讼对应的判决则应体现为原告裁判请求权利之对应物。[①] 长期以来,我国行政诉讼裁判制度明显体现了客观诉讼的特征,构成我国行政诉讼裁判制度的总基调,也形成了行政诉讼裁判制度有别于其他判决制度的特殊性。总体而言,法院审理行政诉讼案件,主要任务是对行政行为的合法性进行判断,而在进行了这种判断之后,还要对该行为的有效性进行判断。这也是行政诉讼裁判所必须承担的具体任务。

---

① 参见江必新等:《行政诉讼法比较研究》,中国法制出版社 2019 年版,第 210 ~ 211 页。

(一)对军事行政行为合法性进行判断

从诉讼的实质来看,它本是一种基于当事人主观意志而提起的诉讼。司法的本质要求是公正,因此法院必须具有高度的中立性,同时具有被动性,也就是不能主动发起诉讼。这种被动性要求法院在审理案件的过程中必须直接针对原告、被告的诉讼请求进行审理并据以裁判,这就是所谓的“依诉择判”。例如,某甲因债权债务纠纷向法院起诉,要求某乙偿还3万元欠款。法院审理后发现,某乙应偿还债务为5万元。法院此时可以向某甲释明法律规定,却不能要求某甲变更诉讼请求,只能根据某甲的诉讼请求,判决某乙偿还3万元欠款,这便是中立性和被动性的体现。

但在军事行政诉讼中,由于法院不仅负有保护当事人合法权益的职责,还承担着对军事机关依法行政进行监督的职责要求。军事行政诉讼的审判便必然以行政行为的合法性为审判中心,强调通过军事行政案件的审判来维护军事行政法的客观法律秩序。这样一来,行政诉讼判决便有可能超越诉讼请求,不采取所谓的“依诉择判”。例如,甲战士认为,军事机关对他处以15天行政看管的处罚过重,请求军事法院判决变更该处罚,军事法院经审查后发现,军事机关的处罚不是畸轻畸重的问题,而是程序不合法的问题,因此判决撤销该行政行为,这种判决就没有直接回应原告的请求。

同时,军事行政诉讼审查的行政行为的合法性往往关乎重大公共利益,亦关乎依法治军的重大价值,在实施军事行政行为的过程中,军事机关并无充分的独立意志,必须依法办事。但在民事诉讼中,虽然也存在民事行为的合法性问题,但由于民事活动以意思自治为原则,当事人尽可放弃部分权利,以寻求纠纷的彻底解决,而行政行为必然要有法律的明确依据,职权背后便是职责,行政机关原则上并无可放弃的权利,法院亦只能全面审查行政行为的合法性,这也导致法院不会完全基于当事人意愿进行司法判决。

(二)对军事行政行为有效性进行权衡

从严格法治主义的角度来看,一个行政行为违法必然意味着该行为应当丧失相关效力。人民法院一旦审查发现行政行为有违法的情形,就应撤销该行为,使其失效。有学者就认为,“只要违法之行政处分,不论其规制内容为授益或课以负担,均无条件地予以撤销,且溯及地失其效力;违法之负担处分如不撤销,则存在国家赔偿问题,撤销后已存在之损害亦同;如系授益处分,则因无法律原因而存在不当得利之情形”①。然而,

① 林莉红、孔繁华:《论违法行政行为》,载《河南省政法管理干部学院学报》2000年第5期。

这种观念并未得到司法实践的完全采纳,行政行为违法在司法实践中并不必然导致行政行为的无效,法院仍可能基于公共利益的考虑,确认行政行为违法却肯定其效力。

军事行政行为是军事机关根据法律和事实作出一种代表国家意志、军事利益的行为,体现了国家利益和个人利益的权衡。司法裁判同样是对行政行为合法性的判断,这关系到司法权和军事权的平衡——这绝不仅仅是一个事实判断,还体现为一种价值权衡。正因如此,在面对一个违法的行政行为时,司法权也可能不会满足原告的诉讼请求,而是基于公共利益的考虑,肯定行政行为的效力,作出情况判决,确认其违法却肯定其效力,这同样肇因于行政诉讼的特殊目的。所以,军事法院作出判决之时,首先进行该行为是否违法的事实判断,再作出确认该行为是否有效的价值判断。

二、军事行政诉讼判决类型

根据相关方案,军事法院可以作出驳回诉讼请求、撤销或者部分撤销军事行政行为、履行给付义务、限期履行法定职责、确认违法、确认无效等判决,以及不予受理、驳回起诉、准许撤诉、中止诉讼、终结诉讼等裁定。这一系列判决类型实际对应了《行政诉讼法》和相应司法解释的规定。此外,在行政诉讼中还有二审判决问题，是指在第二审程序中，人民法院经过对上诉案件的审理，依法作出的具有法律效力的最终结论。依行政诉讼法的有关规定，行政诉讼二审判决主要有维持原判和依法改判两种，军事行政诉讼中这一情况与普通行政诉讼类似，此处不赘述，仅就一审判决类型进行阐述。

（一）驳回诉讼请求判决

驳回诉讼请求判决，是人民法院认为原告诉讼请求不能成立，作出的驳回原告诉讼请求的判决。根据《行政诉讼法》第69条之规定，行政行为证据确凿，适用法律、法规正确，符合法定程序的，或者原告申请被告履行法定职责或者给付义务理由不成立的，人民法院判决驳回原告的诉讼请求。

行政诉讼案件审查的是被诉行政行为的合法性，因此驳回诉讼请求判决的条件是被诉行政行为完全合法，而非原告诉讼请求不成立。需要注意到，民事诉讼中也有驳回诉讼请求的判决，法院在民事诉讼中驳回原告的诉讼请求，主要是因为原告的诉讼请求不成立，包括原告的诉讼请求没有事实依据、法律依据，原告错误地提出法律主张，原告超过诉讼时效提起诉讼等情形。但行政诉讼判决中的驳回诉讼请求与民事诉讼中的相应判决完全不同。最高人民法院在其审理的一起再审案件中阐述了这个观点：对于行政诉讼而言，判决驳回原告诉讼请求的法定条件并非原告诉讼请求不成立，而是被诉行政行为完全合法。所以如果被诉行政行为结果正确，但是理由不当，撤销重作又将会大量浪费行政复议和行政诉讼资源，严重损害国家利益、公共利益，人民法院应当依照《行政诉讼法》第 74 条第 1 款第 1 项的规定，判决确认行政行为违法，保留效力，而不能判决驳回原告诉讼请求。[①] 这就说得很清楚了，行政诉讼审查的毕竟是行政行为的合法性，审查的更多是被告，原告如果没有提出正确的法律主张，法院仍要对行政行为合法性进行审查，而不能径行驳回诉讼请求。

就军事行政诉讼而言，驳回诉讼请求同样要遵循这个逻辑，它主要有两种情形：(1)行政行为完全合法的。在这个情况下，行政行为证据确凿，适用法律、法规正确，符合法定程序，即应判决驳回诉讼请求。(2)原告申请被告履行法定职责或者给付义务理由不成立的，同样应当判决驳回原告的诉讼请求，这个情况下，由于原告起诉的是被告不作为，所以同样要负有较多的证明责任。

(二)撤销或者部分撤销军事行政行为判决

撤销判决是最常见的一种判决类型。根据《行政诉讼法》

---

① 参见最高人民法院行政裁定书，(2020)最高法行申 9332 号。

之规定,撤销行政行为有如下情形:

第一,主要证据不足。这里的"主要证据",是行政机关认定基本事实必不可少的证据,是行政机关作出行政行为时就已经收集掌握的证据。从依法行政角度来看,行政机关作出行政行为应当具有充分的证据,因此,《行政诉讼法》第 34 条明确规定,"被告对作出的行政行为负有举证责任,并规定被告不提供或者无正当理由逾期提供证据,视为没有相应证据。这意味着,如果行政机关在诉讼开始之后才提出相关证据,就不能证明行政行为的合法性。

第二,适用法律、法规错误。适用法律、法规错误的问题在实践中非常复杂,有的是事实错误连带导致法律适用错误,有的是对法律法规的理解有误,有的是对法律法规不熟悉,有的是长期使用一个低层级的法律法规。对于军事行政诉讼而言,尤其容易出现长期使用低层级法律法规乃至政策的问题。因此,江必新教授主张,对于有意片面使用法律法规、曲解法律法规原意的,要依法判决撤销;对某些技术性错误(例如纯属行政记录笔误的情形)则不宜撤销。最高人民法院在一起再审裁定中也反映出这种思考,该裁定认为:涉案行政处理决定适用法律错误,但结论并无不当,责令重作只会耗费行政资源,有损公共利益,二审应当判决确认违法,保留其效力,但二审判决维持该决定,属判决方式选择不当。鉴于二审法院判决方式选择不当未对原告实体权益产生影响，再审该案徒增诉累，因此不予再审，遂裁定驳回再审申请。[①]

第三，违反法定程序。行政机关作出具体行政行为，应该符合法律、法规规定的程序。这里有两个主要问题：(1)是否所有违反法定程序的案件都应撤销？一种观点主张，对程序的严格要求是出于法治原则的考虑。不论行政机关违反法定程序导致何种结果的产生，人民法院都应判决撤销。[②] 另一种观点则认为，即使当初行政行为有瑕疵，与其撤销而作出同样的处分，倒不如维持当初的行政行为的效力，从法的稳定性的观点来看也是理想的，并且在防止行政浪费的意义上，也有助于行政经济。[③] 这两种观点各有道理，实务界的观点则倾向于分析违反法定程序可能产生的效果，如果违反法定程序可能影响行政行为的公正性，便应当撤销具体行政行为；反之则不宜撤销，而适用确认违法判决。这里的"可能影响"并不是一定会影响。例如，根据《行政处罚法》第63条之规定，行政机关作出责令停产停业、吊销许可证或者执照、较大数额罚款等行政处罚决定之前，应当告知当事人有要求听证的权利，当事人要

---

① 参见最高人民法院行政裁定书，(2019)最高法行申1297号。

② 参见林莉红：《行政诉讼法学》(第4版)，武汉大学出版社2015年版，第184～185页。

③ 参见杨建顺：《日本行政法通论》，中国法制出版社1998年版，第402页。

求听证的，行政机关应当组织听证。实际上，听证后作出的处罚很可能与不听证的结果是一致的，但我们不可能因此认为听证程序是可有可无的，因为它毕竟涉及公民的重要程序权利，是一项可能对结果产生影响的程序。(2)如果法律没有明确规定作出某种行为的程序，是否能够适用这一条文对行政行为进行撤销？我国目前并无行政程序法典，许多程序并无法律规定，针对这些行为的程序控制问题，最高人民法院公报登载的一起案例对此进行了回答：《行政许可法》虽然没有规定撤销行政许可的具体程序，但该法第 5 条、第 7 条规定了设定和实施行政许可所应遵守的原则、程序和利害关系人享有的法定程序权利。没有设定行政机关撤销行政许可所要遵循的具体程序性义务，并不意味着其就可以不要程序，程序合法的底线在于正当程序原则，行政机关在此情况下应当遵循这一法律原则。根据这一法律的要求，行政机关作出影响当事人权益的行政行为时，应当履行事先告知、说明根据和理由、听取相对人的陈述和申辩、事后为相对人提供相应的救济途径等正当法律程序。据此判决被诉撤销行政许可决定书违背公开、公平、公正的正当程序原则，不具有合法性，依法应予撤销。[①] 这就拓展了“法定”的范围，将符合正当程序所应遵循的一般原理，当成

① 参见中国石化销售有限公司江苏盐城石油分公司诉江苏省射阳县国土资源局撤销行政许可案，载《最高人民法院公报》2021 年第 11 期。

行政机关处理此类案件所需遵循的依据。

第四，超越职权。行政机关只能在自己职权范围内活动，超越职权范围的行政行为无效。关于越权问题，学界对此有许多不同意见，如王名扬先生将越权无效原则的理由或内容概括为三种：违反自然公正原则、程序上的越权、实质上的越权（超越管辖权）。[①] 姜明安教授则将其归纳为8项内容：违反管辖条件，即实质上的越权；违反明确的法定程序，即程序越权；不正当的委托；不合理；不相关的考虑；不适当的动机；违反自然正义；案卷表面错误。[②] 但这诸多方面的越权均可以"适用法律、法规错误"为由予以撤销，司法实践中运用的超越职权主要包括三种情形：（1）横向越权，也就是行使了其他机关的职权；（2）纵向越权，包括下级机关行使了应由上级机关行使的权力，以及上级机关行使了下级机关的权力；（3）地域越权，也就是行使了应由其他地域行政机关行使的权力，违背了地域管辖的要求。

第五，滥用职权。根据学界的通常理解，滥用职权是指行政机关在权限范围内作出行政行为，但存在不公正的情形，从而违背了法律授权的目的。[③] 这一规定突破了合法性审查的

---

① 参见王名扬：《英国行政法》，中国政法大学出版社1987年版，第150～151页。

② 参见姜明安主编：《外国行政法教程》，法律出版社1993年版，第158～160页。

③ 参见姜明安主编：《行政法与行政诉讼法》（第2版），北京大学出版社、高等教育出版社2005年版，第592页。

范围,达到了合理性审查的领域。在立法之初,江必新也将滥用职权的概念分为10种:不正当的目的、不善良的动机、不相关的考虑、不应有的疏忽、不正确的认定、不适当的迟延、不寻常的背离、不一致的解释、不合理的决定、不得体的方式。① 显然,此时的司法者希望通过对滥用职权概念的解释,扩大司法权对行政权的监督范围,其内容甚至完全涵盖了行政机关一切不合理的行为。正因如此,滥用职权具有如下特征:(1)行为没有超越法定权限,否则便构成超越职权;(2)行为出于不合法的动机,如挟私报复等;(3)行为违背了法律的目的、原则和要求。例如,在最高人民法院审理的一起案例中,法院认为,具有行政许可权的行政机关作出不予行政许可决定的理由不能成立,且该决定已被人民法院判决撤销并责令重作的情况下,行政机关仍以相同理由再次作出不予行政许可决定,浪费了有限的司法资源,增加了当事人的讼累,应认定为滥用职权。②

第六,明显不当。在2014年的《行政诉讼法》修正中,撤销判决新增了一项"明显不当"的理由,这一项和滥用职权一

---

① 参见江必新:《行政诉讼问题研究》,中国人民公安大学出版社1989年版,第270～276页。

② 参见余姚市甬兴气体分滤厂与余姚市住房和城乡建设局燃气经营许可纠纷案,载《最高人民法院公报》2022年第2期。

样，都是针对行政裁量权进行的审查。何以增加这一项？江必新教授认为，二者虽然都是针对行政裁量权，但角度有所不同，“明显不当是从客观结果角度提出的，滥用职权是从主观角度提出的”[①]。但这个理由显然较为牵强，因为没有哪个问题可以通过单纯的主观或客观视角进行解释。姜明安教授也认为，滥用职权的认定，必须结合主客观两方面的因素，从主观上看，行政机关应当有违反法律规定目的的情况，从客观上看，行政行为存在很不合理、显失公正的情况。[②] 实际理由可能在于，由于刑法上有“滥用职权罪”，当人民法院判决认定行政行为滥用职权时，就存在一个追究刑事责任的问题，因此在司法实践中，法官极少适用此项进行裁判。[③] 姜明安教授亦指出，滥用职权往往与问责联系到一起，“法院一旦认定行政机关‘滥用职权’，可能导致相应执法者和相关负责人被问责，故绝大多数法官‘下不了手’，不敢轻易启用‘滥用职权’条款”[④]。实际上，可能只是为了避免司法机关与行政机关的矛盾，才产生

---

① 江必新主编：《中华人民共和国行政诉讼法理解适用与实务指南》，中国法制出版社 2015 年版，第 329 页。

② 参见姜明安主编：《行政法与行政诉讼法》（第 2 版），北京大学出版社、高等教育出版社 2005 年版，第 595 页。

③ 参见姜明安主编：《行政法与行政诉讼法》（第 2 版），北京大学出版社、高等教育出版社 2005 年版，第 595 页。

④ 姜明安：《论新〈行政诉讼法〉的若干制度创新》，载《行政法学研究》2015 年第 4 期。

了“明显不当”这一判决理由。可以想见的是，在修法之后的行政判决中，以滥用职权为理由进行撤销的可能性变得更小了。

这种基于“明显不当”的司法审查，其性质究竟为何？由于《行政诉讼法》出台时间尚短，学界并无充分讨论。但在旧法语境下，受合法性审查原则的影响，关于变更判决和以滥用职权为由的撤销判决的审查是否为合理性审查的问题，学界还是存在不同观点：(1)合理性审查例外说。有学者认为，此类审查是合法性审查的例外，但例外的范围还存在差异：罗豪才先生认为这一例外仅仅是变更判决规定的情形，他主张，人民法院在行政诉讼中原则上不对行政行为的合理性问题进行审查，只有审查行政处罚这类具体行政行为时才存在例外。[①] 姜明安教授和叶必丰教授则认为，除变更判决规定的情形以外，人民法院就行政机关滥用自由裁量权作出的审查也是合理性审查。[②] (2)合法性审查说。与此前学说针锋相对的是，也有学者认为此类审查并非合理性问题。例如，章剑生教授认为，法院一般不审查行政行为的合理性，只有当不合理的程度极为

① 参见罗豪才主编：《行政法学》，中国政法大学出版社 1999 年版，第 332 ~ 333 页。

② 参见姜明安主编：《行政法与行政诉讼法》(第 2 版)，北京大学出版社、高等教育出版社 2005 年版，第 457 页；叶必丰主编：《行政法与行政诉讼法》，中国人民大学出版社 2003 年版，第 296 ~ 297 页。

严重,以致超越了合法的限度时,法院才能对其进行撤销或变更。[①] 这种观点得到了一定支持。譬如胡建淼教授认为,“行政滥用职权是一种违法行为,而不是行政不当行为”[②]。2014年修正《行政诉讼法》之后,即便立法使用了“明显不当”这一明显涉及合理性的表述,学界仍然没有放弃这一说法:“明显不当具有以下特征:……第三,这种不合理和不适当严重违背了法律的目的和精神,从而使合理性问题变成了合法性问题。”[③]

笔者赞同第一种观点——所谓不合理达到了不合法的程度,本身缺乏一个明确界限,最终只能由人民法院自行判断。如果人民法院在审理案件的过程中发现行政行为已经超出了裁量权限,并导致行政行为违法,则完全可以运用超越职权这一判决理由对行政行为进行撤销。而所谓明显不当,实际指的是审查的强度较弱,而不是审查本身是合法性审查或合理性审查的问题。

---

① 参见章剑生:《行政诉讼法基本理论》,中国人事出版社 1998 年版,第 19 ~ 20 页。

② 胡建淼:《有关行政滥用职权的内涵及其表现的学理探讨》,载《法学研究》1992 年第 3 期。

③ 江必新主编:《中华人民共和国行政诉讼法理解适用与实务指南》,中国法制出版社 2015 年版,第 347 页。

(三)履行义务判决

履行义务判决是指人民法院对被告不履行或者拖延履行法定职责的情形,要求行政机关在一定期限内履行的判决。对履行义务判决,2018 年《行诉法解释》第 91 条明确规定,原告请求被告履行法定职责的理由成立,被告违法拒绝履行或者无正当理由逾期不予答复的,人民法院可以根据《行政诉讼法》第 72 条的规定,判决被告在一定期限内依法履行原告请求的法定职责;尚需被告调查或者裁量的,应当判决被告针对原告的请求重新作出处理。显然,履行义务判决有两种情形:

第一,行政机关无裁量余地时的履行义务判决。所谓"无裁量余地",是指行政机关作出行为的法律规定比较明确、事实比较清楚,行政机关没有拒绝履行义务的现实可能性。为了减轻当事人诉累,减少公共资源的浪费,法院便可直接判决被告履行特定职责。例如,甲军官通过了法律职业资格考试,经过实习并取得合格评价,他申请发给军队律师资格证书,相关机关便没有不发给的余地,法院就可能直接作出判决要求发给。法院此时直接判决行政机关履行职责,主要是为了直接回应原告诉讼请求,防止重复诉讼,彻底解决纠纷。

第二,行政机关有裁量余地时的履行义务判决。如果行政机关还有裁量空间,尚需行政机关在进一步调查基础上进行权衡、裁量,人民法院便应尊重行政机关的“首次判断权”,判决行政机关针对原告的请求重新作出处理,而不能直接以自己的判断代替行政机关的判断。法院不直接针对原告请求要求被告履行特定职责,主要是基于司法权与行政权分工的考虑。通过履行义务判决,法院已经肯定了原告的诉讼请求,否定了被告不履行法定职责的行为,然而,被告对相应事项仍有调查空间、裁量余地,法院便不宜作出具体判决,而应将其交由行政机关作出处理。

这里还有两个值得注意的重要问题:

一是行政机关履行法定职责的期限。人民法院在确定行政机关履行法定职责的期限时,应当遵循一定的原则。当法律规范明确规定了行政机关的履责期限时,除特殊情形外,人民法院一般应当参照相关法律规范的规定确定行政机关的履责期限;法律规范未对行政机关履责期限作出规定的,人民法院应结合具体案情,充分考虑当事人合法权益保护的及时性和行政机关履责的可行性等因素,根据《行政诉讼法》第 47 条的规定,合理确定行政机关的履责期限。存在正当理由或不可抗力的,即便行政机关超出人民法院生效判决所确定的期限作出行政决定,亦不能认定该行为构成程序违法。[①]

---

① 参见启东市发圣船舶工程有限公司诉启东市人民政府渡口行政许可及南通市人民政府行政复议案,载《最高人民法院公报》2020 年第 12 期。

二是如果行政相对人提出的请求明显不属于行政机关法定职责，应当如何处理？根据2018年《行诉法解释》第93条第2款之规定，人民法院经审理认为原告所请求履行的法定职责或者给付义务明显不属于行政机关权限范围的，可以裁定驳回起诉。这里使用“裁定驳回起诉”而非驳回诉讼请求，便是将其视作法定起诉条件的一部分，它是人民法院对行政诉讼案件进行实体判决的前提。应当认识到，起诉条件和实体判决理由可能部分重叠，但对事实清楚的要求程度不一。正因如此，是否“明显不属于行政机关权限范围”，应结合被告法定职权和原告申请事项综合判断。人民法院经审理认为原告所请求履行的法定职责明显不属于行政机关的权限范围的，可以裁定驳回起诉。①

（四）一般给付判决

根据《行政诉讼法》第73条之规定，“人民法院经过审理，查明被告依法负有给付义务的，判决被告履行给付义务”。这里的给付义务主要是指被告依照法律法规等负有给付相对人权益的公法义务，它一般是非行政行为的给付，其可能源自法律法规等的明确规定，也可能是根据行政协议、行政允诺等产

---

① 参见江朝丽、王明辉：《对明显不属于行政机关权限范围的判断》，载《人民司法》2019年第23期。

生的义务。如果被告依法负有的给付义务是作出一定的行政行为,则属于履行义务判决,应当适用《行政诉讼法》第 72 条之规定。2018 年《行诉法解释》第 92 条对一般给付判决作了进一步的规定:"原告申请被告依法履行支付抚恤金、最低生活保障待遇或者社会保险待遇等给付义务的理由成立,被告依法负有给付义务而拒绝或者拖延履行义务的,人民法院可以根据行政诉讼法第七十三条的规定,判决被告在一定期限内履行相应的给付义务。"

给付诉讼的特点是法院不仅要确认当事人之间存在行政法律关系,还要判令被告履行一定的给付义务。需要注意的是,在给付诉讼中,如果裁判时机尚未成熟,相关事实尚需进一步调查或者行政机关裁量决定,可以判决被告在一定期限内作出答复。如果请求被告履行给付义务理由成立,但判决被告履行给付义务已无实际意义,人民法院应当根据《行政诉讼法》第 74 条第 2 款第 3 项的规定确认被告未履行给付义务违法。

(五)确认判决

民事诉讼法上的确认之诉主要涉及要求法院确认其主张的法律关系存在或不存在。确认之诉的目的不在于实现当事人之间的权利义务,而是使有争议的法律关系得以确认,从而避免纠纷进一步发展,因此是一种预防之诉。行政诉讼的确认判决虽然同样源自民事诉讼法,但又因行政诉讼的特征而呈现出显著差异。具体而言,行政诉讼涉及的对行政行为合法性的审查所解决的问题是被诉行政行为的合法性,至于相对人与行政机关是否存在某种法律关系,并非行政诉讼所应解决的问题,因此不应机械地将民事确认判决的概念套用到行政确认判决之上。基于此种考虑,2000 年最高人民法院《关于执行〈中华人民共和国行政诉讼法〉若干问题的解释》规定了确认合法、有效判决,确认违法判决和确认无效判决。2014 年《行政诉讼法》同样作出类似规定,但只规定了确认违法判决和确认无效判决两种情形,取消了确认合法、有效判决,并增加了程序轻微违法不产生实际影响这一确认违法判决的具体情形。①

1. 情况判决

情况判决是法官在多种利益冲突之下,运用利益衡量方法所作的一种行政判决,其结果是行政行为被确认违法,但不被撤销,仍然保持其效力。《行政诉讼法》第 74 条第 1 款第 1 项规定了情况判决,行政行为依法应当撤销,但撤销会给国家利益、社会公共利益造成重大损害的,人民法院判决确认违法,但不撤销行政行为。

情况判决的适用主要出于两方面考虑:一方面,它是基于

① 取消确认合法、有效判决,应该与废除维持判决有关。在维持判决被废除之后,确认合法、有效判决涉及的情形实际已经被新的驳回诉讼请求判决吸纳。

公共利益的考虑，另一方面，它也是行政法尊重既成事实的体现。所谓既成事实，是指在违法行政行为之后，基于对这些违法行为公定力的信任而形成的新的法律关系、事实关系。从一般法理而言，根据依法行政原则，一旦行政机关的行政行为被法院认定为违法，其效力理所应当被撤销。然而，行政诉讼法有“起诉不停止执行”的制度安排，行政行为虽被撤销，却往往在撤销之前已经衍生出许多牵涉广泛的法律及事实关系。若将该行政行为撤销，则很可能导致为数众多的法律、事实关系丧失依据。基于此项考虑，法律不得不尊重既成事实，而以情况判决代替撤销处分之判决。①

尽管有前述理由，但情况判决毕竟是一种延续了违法行政行为效力的判决，它是行政诉讼制度的一种极特殊的情况，因为这一制度实际上违反了依法行政的一般法理，其科学性与合理性仅仅在于法院对某种特殊情况的现实考虑与妥协。因此，在实践中，人民法院不仅不能将其视作与撤销判决等相提并论的判决形式，更要在实践中严格限定其适用范围，从而避免滥用情况判决造成的对依法行政原则的违背。就目前而言，情况判决的适用条件主要包括如下几点：

第一，行政行为依法应当撤销。所谓依法应当撤销，是指

---

① 参见尹权、金松华：《情况判决的理论与现实反思及其完善》，载《政治与法律》2008 年第 3 期。

行政行为不符合行政行为合法性的要求,根据撤销判决之规定,应予撤销。这里引出一个问题,当行政行为不成立时,是否可以适用情况判决?笔者认为不可,理由在于,当行政行为不成立时,它根本无从产生行政行为所应有的效力,这就使情况判决变得毫无意义——情况判决意在维持原有违法行为的效力,但对不成立的行政行为而言,此时行政机关的行为从来没有产生效力,又何谈维持呢?

第二,行政行为已经执行。情况判决的设定,归根结底是对既成事实的尊重,如果行政行为尚未执行,则无从产生所谓既成事实,亦不能产生违法的公共利益。在此情形之下,法院应当作出撤销判决,消除这种未执行的违法行为的效力。但需要注意的是,如果原行政行为没有执行内容,如关于房地产的确权行为,第三人根据该确权,已经进行了相当规模的建设,是否意味着行政行为已经执行?笔者认为,从立法原意出发,此时撤销原行为有可能造成第三方利益的严重损失,此处所言"行政行为已经执行",宜作宽泛理解,针对此种情况,亦应适用情况判决,保证第三人的合法权益。

第三,撤销该行为有可能损害国家利益、社会公共利益。法院应在个案中判断行政行为所涉及的国家利益、社会公共利益的范围。需要注意的是,法院在判断国家利益、社会公共利益的同时,需要对法律的有效遵守这个利益进行考虑,而不能简单地从经济考虑的角度对所谓利益问题进行衡量。

第四,撤销该行为可能对国家利益、社会公共利益造成的损害必须具有一定的严重性。人民法院应对撤销该行为所可能产生的效果进行评估,以确认撤销该行为是否会对前述利益构成“重大”的损害。如果撤销该行为所可能造成的损害与相对人利益显然不成比例,自然不应以情况判决代替撤销判决。

2. 程序轻微违法的确认违法判决

《行政诉讼法》第 74 条第 1 款第 2 项规定了程序轻微违法的确认违法判决,按其规定,程序轻微违法,但对原告权利不产生实际影响的,确认行政行为违法。2018 年《行诉法解释》第 96 条列举了三种程序轻微违法的情形,分别是处理期限轻微违法,通知、送达等程序轻微违法,其他程序轻微违法,同时规定,程序轻微违法不能是对原告依法享有的听证、陈述、申辩等重要程序性权利产生实质损害的行为。

对于程序轻微违法的行为采取确认违法判决,而不进行撤销,主要是因为这类行为如果撤销,行政机关往往还必须重作,不利于节约成本,对原告也可能造成更为不利的影响。基于节约司法资源和行政资源的考虑,法院选择判决确认行政行为违法,并要求行政机关作出相应补救措施或赔偿。

3. 撤销、履行无意义时的确认违法判决

《行政诉讼法》第 74 条第 2 款规定了撤销、履行无意义时的确认违法判决。明确在三种情形之下，人民法院判决确认违法：(1)行政行为违法但不具有可撤销内容的，该规定针对的是事实行为等不具有可撤销内容而无法撤销的情况。例如，甲军官被实施行政看管，执行人员在这一过程中违法使用戒具，导致甲人身伤害，这一行为便是一种事实行为，法院无法撤销，只能确认违法，并要求军事机关作出相应补救措施或赔偿。(2)被告改变原违法行政行为，原告仍要求确认原行政行为违法的。例如，原告起诉被告颁发军队律师证，在诉讼过程中，被告自行作出颁发军队律师证的许可，原告仍不愿撤诉，此时法院判决被告履行法定职责已无实际意义，则只能判决确认被告行为违法。(3)被告不履行或者拖延履行法定职责，判决履行没有意义的。这类判决所对应的案情实际应当适用履行义务判决，但由于判决履行没有意义，便只能确认违法。其中有许多原因，如判决时法律已经修改，被告不再具有相应职责，如果此时判决履行，会引起执法上的混乱，只能判决确认违法。又如履行保护人身权财产权案件，在法院判决时，人身权已受到损害并难以挽回，因此只能判决确认违法。再如当事人近亲属提起行政诉讼，当事人已经死亡的情况下，也应当认为判决履行没有意义。

4. 确认无效判决

《行政诉讼法》第 75 条规定了确认无效判决，明确行政行为有实施主体不具有行政主体资格或者没有依据等重大且明显违法情形，原告申请确认行政行为无效的，人民法院判决确认无效。《行政诉讼法》对行政行为无效的情形进行了列举，但对于“等”外的无效行政行为如何理解，2018 年《行诉法解释》第 99 条进行了列举，分别是行政行为实施主体不具有行政主体资格，减损权利或者增加义务的行政行为没有法律规范依据，行政行为的内容客观上不可能实施，以及其他重大且明显违法的情形。我国学界和实务界也比较普遍地采纳这一标准，然而，这一标准仍然较为笼统宽泛，导致实务中经常出现将缺乏法定事由、就同一事实先后作出不同行政行为、缺乏必要的法定程序等情形视作“重大且明显违法”，这就很容易混淆其与《行政诉讼法》第 70 条“撤销判决”的事由的关系。在德国法上，这种无效应该是“具有特别严重后果错误，根据最普通情形下的理智判断该错误也是显而易见的行政行为，是无效的行政行为”①。对此，江必新教授认为，应从两个方面把握确认无效判决的“重大且明显违法”的标准：一是“重大”，也就是可能会给相对人合法权益造成重大影响；二是“明显”，也就是行

① 于安编著：《德国行政法》，清华大学出版社 1999 年版，第 213 页。

为的外化形状较易识别,能够一眼知其违法性。

(六)变更判决

变更判决是人民法院对被诉行政行为进行直接变更的判决,是司法变更权最典型的一种运作模式。根据1989年《行政诉讼法》之规定,变更判决仅适用于行政处罚显失公正的情形。到2014年《行政诉讼法》修正之后,这一条文修改为行政处罚明显不当的,人民法院可以判决变更,同时新增了对款额的确定或者认定确有错误的变更。变更判决的本质是司法机关代替行政机关进行了行政决定,它可以视作撤销重作判决的一种补充,其性质是,"在本应该判决撤销并责令被告重新做出行政行为的情况下,由于事证非常明确,裁量余地较少,即使发回行政机关也只能作出如此处理,为行政便宜考虑,法院乃径行予以纠正"①。

变更判决是一种法院代替行政机关作出一定行政行为的判决。对军事行政诉讼而言,考虑到军事行政权力的地位和特点,军事司法权对军事行政权不能过分干预,否则容易导致军事司法权与军事行政权之间难以调和,影响军事权力系统整体的平衡和运转。因而,在审理军事行政诉讼案件时,应遵循

① 李广宇:《新行政诉讼法逐条注释》(下册),法律出版社2015年版,第664页。

“不过分干涉军队事务”的原则,尽量维护军事行政主体的权威,对违法的军事行政行为一般不宜作出变更的裁判,而应将纠正违法行政行为的权力留给行政机关,这样既维护了军事行政主体的权威,也避免了裁判不当造成军事利益的损害。[①]

---

① 参见肖孟奎:《军事行政诉讼制度构建法理探析》,法律出版社 2017 年版,第 130～131 页。